数字经济时代跨境电商的运营与发展

赵 杨 郭思佳 吴 昀 著

吉林摄影出版社

图书在版编目（CIP）数据

数字经济时代跨境电商的运营与发展 / 赵杨，郭思佳，吴昀著． -- 长春：吉林摄影出版社，2024.11．
ISBN 978-7-5498-6447-8

Ⅰ．F713.365.1

中国国家版本馆CIP数据核字第2024H4R853号

数字经济时代跨境电商的运营与发展
SHUZI JINGJI SHIDAI KUAJING DIANSHANG DE YUNYING YU FAZHAN

著　者	赵　杨　郭思佳　吴　昀
出 版 人	车　强
责任编辑	王　茵
封面设计	文　亮
开　本	710毫米×1000毫米　1/16
字　数	198千字
印　张	12.375
版　次	2024年11月第1版
印　次	2024年11月第1次印刷
出　版	吉林摄影出版社
发　行	吉林摄影出版社
地　址	长春市净月高新技术开发区福祉大路5788号
	邮编：130118
网　址	www.jlsycbs.net
电　话	总编办：0431-81629821
	发行科：0431-81629829
印　刷	河北昌联印刷有限公司
书　号	ISBN 978-7-5498-6447-8　　定　价：76.00元

版权所有　　侵权必究

前 言

在当今这个日新月异的时代,数字经济已成为推动全球经济转型升级的重要引擎。随着互联网技术的飞速发展和全球贸易环境的日益开放,跨境电商作为数字经济时代的新兴业态,正以前所未有的速度改变着国际贸易的格局与模式。它不仅打破了地域限制,促进了资源的全球优化配置,更为中小企业乃至个人创业者提供了前所未有的市场机遇,让"买全球、卖全球"的梦想照进现实。

数字经济作为以数据资源为关键生产要素、以现代信息网络为重要载体、以信息通信技术的有效使用为效率提升和经济结构优化重要推动力的一系列经济活动,正深刻改变着人类社会的生产、生活及治理方式。在数字经济的大潮中,跨境电商凭借其独特的优势,迅速崛起为连接世界市场的重要桥梁,不仅加速了商品、服务、资本、技术、信息等的跨国流动,还促进了全球价值链的重构与升级。

随着消费者对个性化、多样化商品需求的日益增长,以及跨境支付、物流、关税等基础设施的不断完善,跨境电商行业迎来了爆发式增长。从亚马逊、阿里巴巴国际站等巨头企业的全球化布局,到无数小微企业在跨境电商平台上的创业故事,都见证了这一行业的无限潜力与活力。跨境电商不仅拓宽了企业的国际市场渠道,还促进了不同文化之间的交流与融合,为全球经济的繁荣发展注入了新的动力。

正是基于这样的时代背景与发展趋势,我们精心编写了《数字经济时代跨境电商的运营与发展》一书。本书旨在全面剖析数字经济时代跨境电商的运营策略、市场趋势、技术创新及风险防控等核心议题,为广大从业者、研究者及有志于跨境电商领域的创业者提供一本权威、实用的指南。

书中，我们不仅深入探讨了跨境电商的基本概念、发展历程及全球布局，还详细解析了跨境电商的运营模式、营销策略、供应链管理、支付与物流解决方案等关键环节。同时，我们还特别关注了跨境电商在数字经济时代的创新趋势，如人工智能、大数据、区块链等前沿技术在跨境电商领域的应用，以及这些技术如何赋能跨境电商企业实现智能化、高效化运营。

在撰写本书的过程中，我们虽然力求全面、准确、深入，但因跨境电商领域日新月异，新技术、新模式层出不穷，书中难免存在疏漏与不足。因此，我们衷心希望广大读者在阅读过程中能够不吝赐教，提出宝贵的意见和建议，以便我们不断完善和提升。

最后，我们要特别感谢所有为本书提供资料、数据、案例及研究支持的机构和个人。没有你们的慷慨相助与无私奉献，本书的完成将难以想象。同时，我们也向那些在跨境电商领域默默耕耘、勇于探索的先驱者们致以崇高的敬意。正是有了你们的努力与付出，跨境电商这片蓝海才得以如此波澜壮阔、生机勃勃。

目 录

第一章　跨境电商概览 ·· 001
 第一节　跨境电商的定义与分类 ·························· 001
 第二节　跨境电商的发展历程与现状 ···················· 010
 第三节　数字经济对跨境电商的影响 ···················· 017
 第四节　跨境电商的全球布局与竞争格局 ············· 024
 第五节　跨境电商的未来趋势展望 ······················· 031

第二章　跨境电商市场环境与机遇 ······················· 038
 第一节　国际市场环境与消费者行为分析 ············· 038
 第二节　跨境电商政策环境与合规要求 ················ 045
 第三节　跨境电商的机遇与挑战 ·························· 054
 第四节　新兴市场与蓝海战略 ······························ 061
 第五节　跨境电商的可持续发展路径 ···················· 068

第三章　跨境电商平台与生态系统 ······················· 075
 第一节　主流跨境电商平台介绍 ·························· 075
 第二节　跨境电商生态系统的构建 ······················· 084
 第三节　第三方服务商的角色与价值 ···················· 094
 第四节　平台选择与入驻策略 ······························ 102
 第五节　跨境电商生态的协同发展 ······················· 109

第四章 产品策略与选品艺术 …… 117
第一节 跨境电商产品特性分析 …… 117
第二节 市场调研与需求分析 …… 126
第三节 选品原则与技巧 …… 134
第四节 产品差异化与品牌建设 …… 142
第五节 产品生命周期管理与迭代 …… 149

第五章 跨境电商营销策略 …… 157
第一节 数字营销基础与策略制定 …… 157
第二节 SEO 与 SEM 在跨境电商中的应用 …… 164
第三节 社交媒体与内容营销 …… 171
第四节 电子邮件营销与客户关系管理 …… 177
第五节 跨境电商的促销与活动策划 …… 184

参考文献 …… 191

第一章 跨境电商概览

第一节 跨境电商的定义与分类

一、跨境电商的基本概念

(一)跨境电商的基本概念解析

跨境电商,全称跨境电子商务,是指分属不同关境的交易主体,通过电子商务平台达成交易、进行支付结算,并通过跨境物流送达商品、完成交易的一种国际商业活动。这一概念的核心在于其"跨境"特性,即买卖双方位于不同的国家或地区,跨越了地理、文化、法律等多重界限,实现了商品和服务的直接交易。

跨境电商作为数字经济时代的新兴产物,不仅打破了传统国际贸易的时空限制,还极大地促进了全球经济一体化的进程。它利用互联网技术的便捷性、高效性和全球性,为中小企业和个人创业者提供了参与国际贸易的新渠道,降低了市场准入门槛,加速了国际贸易的多元化和碎片化趋势。

从消费者角度看,跨境电商带来了更加丰富的商品选择、更便捷的购物体验和更具竞争力的价格优势。消费者可以足不出户,就能浏览并购买到来自世界各地的优质商品,享受全球化带来的消费红利。

从商家角度看，跨境电商为其提供了更广阔的市场空间、更灵活的经营模式和更高效的市场反馈机制。商家可以通过跨境电商平台，直接触达全球消费者，了解市场需求变化，快速调整经营策略，实现品牌国际化和市场拓展。

（二）跨境电商的运作模式剖析

跨境电商的运作模式主要包括 B2B（企业对企业）、B2C（企业对消费者）、C2C（消费者对消费者）以及近年来兴起的 M2C（制造商对消费者）等多种模式。每种模式都有其独特的运作机制和适用场景。

B2B 模式主要面向企业间的批量采购和供应链整合，通过电子商务平台实现供需双方的精准对接，降低交易成本，提高交易效率。B2C 模式更侧重于零售领域，企业直接面向消费者销售商品，提供个性化、定制化的服务。C2C 模式允许消费者之间通过平台进行交易，促进了二手市场的繁荣和资源的有效利用。M2C 模式则进一步缩短了供应链，让消费者能够直接购买到制造商生产的商品，享受更高性价比的产品。

这些运作模式的共同之处在于，它们都充分利用了互联网技术的优势，打破了传统贸易模式的束缚，实现了信息、资金、物流等要素的全球化流动和优化配置。

（三）跨境电商的技术支撑体系

跨境电商的快速发展离不开强大的技术支撑体系。这包括电子商务平台技术、支付结算技术、跨境物流技术、大数据与人工智能技术等多个方面。

电子商务平台技术为买卖双方提供了便捷的交易环境，包括商品展示、在线沟通、订单处理、支付结算等功能。支付结算技术则解决了不同国家和地区之间的货币兑换和支付难题，确保了交易的顺利进行。跨境物流技术则通过优化物流网络、提高物流效率、降低物流成本等方式，为跨境电商提供了有力的物流保障。大数据与人工智能技术则通过数据分析、用户画像、智能推荐等方式，帮助商家更好地了解市场需求和消费者行为，提升经营效率和用户体验。

这些技术支撑体系共同构成了跨境电商的底层架构，为其持续健康发展提供了有力保障。

（四）跨境电商面临的挑战与机遇

跨境电商在快速发展的同时，也面临着诸多挑战。这些挑战包括国际贸易环境的复杂性、跨境物流的高成本和高风险、不同国家和地区之间的法律法规差异等。此外，随着市场竞争的加剧和消费者需求的日益多样化，跨境电商企业还需要不断提升自身的核心竞争力，包括产品质量、品牌知名度、服务水平等方面。

然而，挑战往往与机遇并存。跨境电商作为数字经济的重要组成部分，正面临前所未有的发展机遇。随着全球经济一体化的深入发展，跨境电商的市场规模将持续扩大；随着技术的不断进步和应用场景的不断拓展，跨境电商的运营模式和服务模式将不断创新和完善；随着消费者对品质和体验要求的不断提高，跨境电商企业也将更加注重品牌建设和用户体验优化。这些机遇将为跨境电商的未来发展注入新的动力和活力。

二、跨境电商的主要类型

（一）跨境电商的 B2B 模式深度剖析

B2B(Business-to-Business)跨境电商模式，即企业与企业之间的电子商务交易，是跨境电商领域的重要组成部分。该模式主要聚焦于大宗商品的国际贸易，涉及原材料、零部件、半成品及成品等多个领域。B2B 跨境电商通过构建在线交易平台，为买卖双方提供信息发布、询盘报价、在线洽谈、合同签订、支付结算及物流跟踪等一站式服务，极大地降低了交易成本，提高了交易效率。

在B2B跨境电商中，企业间的合作往往更加紧密且长期，双方基于信任与共赢的原则进行深度合作。这种模式下，企业可以更加精准地定位目标客户群体，实现供应链的深度整合与优化。同时，B2B跨境电商还促进了国际贸易的透明化，使得交易过程更加可追溯、可监控，有效降低了贸易风险。

随着全球化进程的加速和互联网技术的普及，B2B跨境电商迎来前所未有的发展机遇。一方面，越来越多的中小企业开始借助B2B跨境电商平台拓展国际市场，实现业务的快速增长；另一方面，大型跨国企业也通过B2B跨境电商平台优化供应链管理，提高运营效率。未来，B2B跨境电商将更加注重技术创新和服务升级，以满足企业日益多样化的需求。

（二）B2C跨境电商模式的消费者导向分析

B2C（Business-to-Consumer）跨境电商模式，即企业对消费者的电子商务交易，是跨境电商中最为消费者所熟知的一种模式。该模式直接面向终端消费者，通过电商平台展示商品信息，吸引消费者购买，并提供便捷的支付和物流服务。B2C跨境电商以消费者为中心，注重用户体验和满意度，致力于为消费者提供丰富多样的商品选择和优质的购物体验。

在B2C跨境电商中，消费者可以跨越地域限制，轻松购买到来自世界各地的优质商品。同时，电商平台通过大数据分析、个性化推荐等技术手段，精准把握消费者需求，提供定制化、智能化的购物服务。此外，B2C跨境电商还注重售后服务和消费者权益保护，建立了完善的退换货机制和投诉处理流程，确保消费者的合法权益得到保障。

随着消费者需求的不断升级和电商技术的不断创新，B2C跨境电商正朝着更加智能化、个性化的方向发展。未来，B2C跨境电商将更加注重品牌建设和品质提升，通过优化供应链、提高产品质量和服务水平等方式，满足消费者对高品质生活的追求。

(三)C2C 跨境电商模式的去中心化特性探讨

C2C(Consumer-to-Consumer)跨境电商模式,即消费者对消费者的电子商务交易,是一种去中心化的电商模式。该模式允许个人消费者通过电商平台发布商品信息,与其他消费者进行交易。C2C 跨境电商打破了传统零售业的界限,使得个人消费者也能成为商品的销售者,实现了资源的有效利用和价值的最大化。

C2C 跨境电商具有交易灵活、门槛低、商品种类丰富等特点。在 C2C 平台上,消费者可以自由地买卖二手商品、手工艺品、特色产品等,满足个性化、差异化的消费需求。同时,C2C 跨境电商也为小微创业者提供了低成本的创业机会,促进了创业创新和就业增长。

然而,C2C 跨境电商也面临着一些挑战,如商品质量参差不齐、交易纠纷频发等问题。因此,C2C 跨境电商平台需要建立完善的信用评价体系和交易保障机制,确保交易的真实性和安全性。未来,C2C 跨境电商将更加注重平台治理和生态建设,通过技术创新和规则完善等方式,提升平台的竞争力和可持续发展能力。

(四)跨境电商新兴模式的创新趋势展望

除了传统的 B2B、B2C 和 C2C 模式外,跨境电商领域还不断涌现出许多新兴模式。这些新兴模式往往融合了多种技术和商业模式创新元素,为跨境电商的发展注入了新的活力。

例如,M2C(Manufacturer-to-Consumer)模式通过直连制造商和消费者,去除了中间环节,降低了商品价格,提高了商品性价比;S2B2C(Supply Chain-to-Business-to-Consumer)模式则通过整合供应链资源,为中小企业提供一站式电商解决方案;DTC(Direct-to-Consumer)模式则强调品牌直接面向消费者进行营销和销售,增强了品牌与消费者之间的互动和黏性。

这些新兴模式的出现不仅丰富了跨境电商的业态形式,也推动了跨境电商行业的转型升级和高质量发展。未来,随着技术的不断进步和消费者需求的不断变化,跨境电商领域还将涌现出更多创新模式和应用场景,为全球经济一体化和数字经济发展贡献更大力量。

三、跨境电商与传统外贸的区别

(一)交易方式的革新:跨境电商的即时性与便捷性

跨境电商相较于传统外贸,在交易方式上实现了根本性的革新。传统外贸往往依赖于面对面的谈判、展会、邮件沟通等方式进行,不仅耗时长、成本高,而且信息传递效率低下。而跨境电商则充分利用了互联网的即时通信技术和电子商务平台,使得买卖双方可以随时随地进行信息交流、产品展示、询盘报价及交易确认,极大地缩短了交易周期,提高了交易效率。

此外,跨境电商平台提供的在线支付、物流跟踪等功能,进一步简化了交易流程,降低了交易成本。消费者可以通过跨境电商平台轻松完成跨境购物,享受与国内购物相似的便捷体验。这种即时性与便捷性是传统外贸所无法比拟的,也是跨境电商能够快速崛起的重要原因之一。

(二)市场范围的拓展:跨境电商的全球性与无界性

跨境电商打破了传统外贸的地域限制,实现了市场的全球化拓展。传统外贸主要依赖于特定的贸易伙伴和渠道,市场范围相对有限。而跨境电商则通过构建全球性的电商平台和物流网络,将商品和服务直接推送到全球消费者面前,实现了市场的无界化。

这种全球市场的拓展给跨境电商企业带来了前所未有的发展机遇。它们不再局限于某个地区或国家的市场,而是根据自身优势和市场需求,在全球范围内寻找目标客户群体,实现业务的快速增长。同时,跨境电商也促进了国际贸易的多元化和碎片化趋势,使得更多中小企业和个人创业者能够参与到国际贸易中来。

（三）供应链管理的优化：跨境电商的灵活性与高效性

跨境电商在供应链管理方面也展现出了其独特的优势。传统外贸的供应链管理往往复杂且烦琐，涉及多个环节和多个参与者，容易出现信息不对称、库存积压、物流延迟等问题。而跨境电商则通过数字化手段优化供应链管理流程，实现了供应链的灵活性和高效性。

跨境电商企业可以利用大数据和人工智能技术分析市场需求和消费者行为，精准预测销售趋势和库存需求，从而合理安排生产计划和采购计划。同时，跨境电商平台还可以与物流服务商建立紧密的合作关系，实现订单的快速处理和物流的实时跟踪，确保商品能够准时、准确地送达消费者手中。这种灵活性和高效性不仅提高了供应链的整体效率，还降低了企业的运营成本和市场风险。

（四）竞争格局的变革：跨境电商的创新性与差异化

跨境电商的兴起还带来了竞争格局的深刻变革。传统外贸中，企业之间的竞争主要依赖于价格、质量、品牌等因素。而在跨境电商领域，由于市场的全球化和信息的透明化，这些因素的作用逐渐减弱，取而代之的是企业的创新能力和差异化竞争策略。

跨境电商企业需要通过不断创新来满足消费者日益多样化的需求。它们可以利用互联网技术和数据分析工具，在开发新产品、优化用户体验、提升服务质量等方面进行不断创新。同时，跨境电商企业还需要注重品牌建设和营销策略的差异化，以在激烈的市场竞争中脱颖而出。这种创新性和差异化不仅提升了企业的核心竞争力，还推动了整个跨境电商行业的健康发展。

四、跨境电商的价值链分析

（一）跨境电商价值链的构成与特点

跨境电商的价值链是指从产品设计、生产制造、供应链管理、营销推广、在线交易、跨境物流直至售后服务的全过程，这些环节紧密相连，共同构成了跨境电商的完整价值创造体系。与传统外贸相比，跨境电商的价值链具有以下几个显著特点：

1. 数字化与信息化：跨境电商充分利用互联网、大数据、云计算等现代信息技术，实现了整个价值链的数字化与信息化。这使得各环节之间的信息流通更加顺畅，决策更加精准，大大提高了运营效率和响应速度。

2. 全球化与无界性：跨境电商打破了地域限制，将全球市场纳入视野，实现了商品和服务的全球流通。这一特点使得跨境电商的价值链具有极强的全球化特征，企业可以在全球范围内配置资源，寻找合作伙伴，拓展市场空间。

3. 灵活性与动态性：跨境电商市场变化迅速，消费者需求多样，这要求跨境电商的价值链必须具备高度的灵活性和动态性。企业需要根据市场变化及时调整策略，优化价值链各环节，以适应不断变化的市场需求。

（二）跨境电商价值链中的关键环节

在跨境电商的价值链中，有几个关键环节对于企业的成功至关重要：

1. 供应链管理：供应链管理是跨境电商的核心环节之一。企业需要建立完善的供应链体系，确保产品质量、成本控制和交货期的准确性。同时，跨境电商还需要与供应商、物流公司等合作伙伴建立紧密的合作关系，以实现供应链的协同优化。

2. 在线交易平台：在线交易平台是跨境电商企业与消费者之间的重要桥梁。企业需要构建功能完善、用户体验良好的电商平台，提供丰富的商品选择、便捷的支付方式和高效的物流服务。同时，平台还需要具备强大的数据分析能力，以便精准把握消费者需求，优化营销策略。

3. 跨境物流：跨境物流是跨境电商中不可或缺的一环。企业需要选择合适的物流方式和合作伙伴，确保商品能够安全、快速地送达消费者手中。同时，跨境物流还需要解决关税、清关等复杂问题，降低物流成本，提高物流效率。

（三）跨境电商价值链中的价值创造

跨境电商的价值链通过各环节之间的协同作用，共同创造价值。具体来说，跨境电商的价值创造主要体现在以下几个方面：

1. 满足消费者需求：跨境电商通过提供丰富多样的商品选择和便捷的购物体验，满足消费者对全球优质商品的需求。这种价值创造方式直接提升了消费者的满意度和忠诚度。

2. 降低交易成本：跨境电商通过数字化和信息化手段，降低了交易过程中的信息成本和物流成本。同时，跨境电商还通过规模效应和竞争机制，降低了商品价格，提高了性价比。

3. 推动产业升级：跨境电商的发展促进了相关产业的升级和转型。例如，传统制造业可以通过跨境电商拓展国际市场，提升品牌影响力和竞争力；同时，跨境电商还带动了物流、支付等相关服务业的发展和创新。

（四）跨境电商价值链的未来发展趋势

随着全球贸易的发展和互联网技术的普及，跨境电商的价值链将呈现以下发展趋势：

1. 智能化与自动化：未来跨境电商将更加注重智能化和自动化技术的应用。例如，通过人工智能和物联网技术实现供应链的智能化管理；通过自动化仓储和物流系统提高物流效率和降低成本。

2. 本土化与个性化：随着消费者需求的日益多样化和个性化，跨境电商将更加注重本土化和个性化的服务。企业需要深入了解目标市场的文化背景和消费者需求，提供符合当地消费习惯的商品和服务。

3. 绿色化与可持续发展：未来跨境电商将更加注重绿色化和可持续发展。企业需要采取环保措施降低碳排放和资源消耗；同时还需要关注供应链的可持续性发展问题，推动整个行业的绿色转型。

第二节　跨境电商的发展历程与现状

一、跨境电商的起源与发展阶段

（一）跨境电商的起源背景

跨境电商的起源，深植于全球经济一体化与互联网技术飞速发展的土壤中。自20世纪90年代末起，随着互联网技术的普及和全球贸易壁垒的逐渐降低，国际贸易的方式开始发生深刻变革。传统外贸模式受限于地域、时间、信息获取等因素，而跨境电商则以其独特的优势，如跨地域性、即时性、信息透明化等，逐渐崭露头角。在这一背景下，跨境电商作为一种新兴的国际贸易方式应运而生，为全球消费者提供了更为便捷、多样的购物选择。

跨境电商的初期形态主要以信息展示和撮合交易为主，类似于早期的黄页目录，但随着技术的进步和市场的成熟，逐渐发展出在线支付、跨境物流等完善的交易体系。这一过程不仅推动了国际贸易的便利化，也促进了全球经济一体化的进程。

（二）跨境电商的发展阶段

跨境电商的发展历程可以大致划分为四个阶段：萌芽期、快速发展期、调整期与新发展期。

1. 萌芽期：这一时期，跨境电商还处于初步探索阶段，主要依托于传统外贸模式，通过线上平台展示商品信息，但实际的交易过程仍在线下完成。跨境电商的概念和模式尚未形成，市场规模也相对较小。然而，这一阶段的探索为后续的快速发展奠定了基础。

2. 快速发展期：进入 21 世纪后，随着互联网技术的进一步普及和全球贸易环境的不断优化，跨境电商迎来了快速发展期。在这一阶段，跨境电商平台如雨后春笋般涌现，商品种类和交易规模迅速扩大。同时，跨境电商的支付、物流等配套服务也日益完善，为消费者提供了更加便捷、安全的购物体验。

3. 调整期：近年来，随着跨境电商市场的逐渐饱和和外部环境的变化，行业进入了调整期。这一阶段，跨境电商企业开始面临激烈的市场竞争和复杂的市场环境，需要不断调整战略、优化运营以提高竞争力。同时，政策监管的加强也促使跨境电商企业更加注重合规经营和品牌建设。

4. 新发展期：当前，跨境电商正处于新发展期。随着大数据、人工智能等技术的广泛应用和全球贸易环境的不断改善，跨境电商行业迎来了新的发展机遇。企业开始注重技术创新和模式创新，以提升用户体验和运营效率。同时，跨境电商也在向更广泛的领域和更深的层次拓展，为全球消费者带来更多元化的购物选择。

（三）跨境电商的推动因素

跨境电商的快速发展得益于多方面的推动因素。首先，全球化和经济一体化的深入发展降低了国际贸易的壁垒，为跨境电商提供了广阔的发展空间。其次，互联网技术的普及和普及程度的提高使得跨境交易变得更加便捷和高效。再次，消费者对优质、便捷、个性化的购物体验需求不断增加，推动了跨境电商市场的快速增长。最后，政策支持、资本投入等也为跨境电商的发展提供了有力保障。

（四）跨境电商的现状与趋势

当前，跨境电商已经成为全球贸易的重要组成部分，市场规模持续扩大，竞争格局也日益激烈。在市场需求和技术创新的双重驱动下，跨境电商正在向更高质量、更高效率、更可持续的方向发展。未来，随着全球经济一体化的进一步加深和互联网技术的不断进步，跨境电商将继续保持快速增长态势，为全球消费者带来更多惊喜和便利。同时，跨境电商企业也需要不断适应市场变化和技术创新的要求，加强品牌建设、优化运营模式、提升服务质量以应对日益激烈的市场竞争。

二、当前跨境电商市场规模与增长

（一）全球跨境电商市场规模概览

当前，跨境电商市场正处于蓬勃发展的黄金时期，其市场规模在全球范围内持续扩大，成为推动全球贸易增长的重要力量。据权威机构预测，2024年全球跨境电商市场规模将达到前所未有的高度，这一数字不仅彰显了跨境电商的强劲增长势头，也预示着其在未来全球经济中的重要地位。跨境电商的全球化布局，打破了传统贸易的地域限制，使得全球消费者能够轻松触达世界各地的优质商品，促进了全球经济的深度融合。

（二）跨境电商市场规模的增长动力

跨境电商市场规模的快速增长，得益于多方面的动力因素。首先，全球经济一体化的深入发展，为跨境电商提供了广阔的市场空间和良好的发展环境。其次，互联网技术的不断进步，特别是移动互联网的普及，极大地降低了跨境电商的门槛，使得更多企业和个人能够参与到这一领域中来。最后，消费者购物习惯的改变也是推动跨境电商市场增长的重要因素。随着消费者对品质、个性化和便捷性的追求日益增强，跨境电商以其独特的优势满足了这些需求，从而吸引了大量消费者。

（三）中国跨境电商市场的崛起

在全球跨境电商市场中，中国市场的表现尤为亮眼。近年来，中国跨境电商行业快速发展，市场规模持续扩大，成为全球跨境电商领域的重要参与者。中国跨境电商市场的崛起，得益于中国政府的大力支持和行业的不断创新。中国政府通过设立跨境电商综合试验区、提供税收优惠等一系列政策措施，为跨境电商的发展营造了良好的环境。同时，中国跨境电商企业也在不断探索创新，提升产品质量和服务水平，以满足国内外消费者的需求。

（四）跨境电商市场的未来趋势

展望未来，跨境电商市场将继续保持快速增长的态势，并呈现出以下几个趋势：

1. 多元化与精细化发展：随着市场竞争的加剧，跨境电商企业将更加注重产品的多元化和精细化发展，以满足不同消费者的需求。

2. 技术创新与数字化转型：技术创新将成为推动跨境电商市场发展的重要动力。人工智能、大数据、云计算等技术的应用将进一步优化跨境电商的运营流程，提升用户体验。

3. 本土化与全球化并重：跨境电商企业在拓展全球市场的同时，也将更加注重本土化策略的实施。通过深入了解目标市场的文化、消费习惯等因素，制定针对性的营销策略，提升品牌影响力和市场竞争力。

4. 可持续发展与绿色供应链：随着消费者环保意识的增强，跨境电商企业将更加注重绿色供应链的建设和可持续发展。通过减少碳排放、优化物流等方式，降低对环境的影响，实现经济效益与社会效益的双赢。

中国市场的崛起为全球跨境电商市场注入了新的活力。未来，跨境电商市场将继续保持快速增长的态势，并呈现出多元化、精细化、技术创新、本土化与全球化并重以及可持续发展等趋势。

三、主要市场区域与特色分析

（一）欧美市场的成熟与多元化

欧美市场作为跨境电商的传统主战场，一直以其庞大的消费能力、成熟的支付体系及完善的物流网络著称。这一市场区域不仅拥有众多世界知名品牌和高端消费者，还呈现出高度的市场多元化特征。从时尚服饰到电子产品，从家居用品到健康食品，各类商品均能在欧美市场找到广阔的受众群体。此外，欧美消费者对于品质、设计和服务的高要求，也促使跨境电商企业在这些方面不断创新和提升，以满足市场需求。

（二）亚太市场的活力与潜力

亚太市场，特别是中国、日本、韩国以及东南亚等国家，近年来在跨境电商领域展现出强劲的活力和巨大的发展潜力。这些市场不仅拥有庞大的人口基数和快速增长的中产阶级群体，还具备较高的互联网普及率和电子商务接受度。亚太市场的跨境电商企业凭借地理位置优势、丰富的商品资源和灵活的市场策略，迅速崛起并成为全球跨境电商市场的重要力量。同时，随着"一带一路"倡议的推进，亚太市场与全球其他地区的经贸联系将更加紧密，为跨境电商的发展带来新的机遇。

（三）新兴市场的崛起与机遇

在跨境电商的版图中，新兴市场（如非洲、拉丁美洲以及中东等地区）正逐渐崭露头角。这些市场虽然起步较晚，但凭借快速增长的经济、年轻化的消费群体以及对新事物的强烈好奇心，成为跨境电商企业竞相布局的新蓝海。新兴市场的跨境电商发展面临着诸多挑战，如基础设施不完善、支付体系不健全等，但同时也孕育着巨大的商机和潜力。跨境电商企业可以通过技术创新、本地化运营和合作模式创新等方式，克服这些挑战，挖掘新兴市场的巨大潜力。

（四）市场特色与差异化竞争

不同市场区域在跨境电商领域呈现出各自独特的特色和差异化竞争态势。欧美市场注重品质和设计，对品牌忠诚度较高；亚太市场更加关注性价比和多样性，对新鲜事物保持高度敏感；新兴市场则具有巨大的增长潜力和独特的文化背景，为跨境电商企业提供了广阔的探索空间。为了在这些市场中脱颖而出，跨境电商企业需要深入了解各市场的消费者需求、消费习惯和文化差异，制定针对性的营销策略和产品策略。同时，企业还需要注重品牌建设和售后服务，提升用户体验和忠诚度，以在激烈的市场竞争中占据有利地位。

综上所述，主要市场区域在跨境电商领域各具特色和发展潜力。欧美市场的成熟与多元化、亚太市场的活力与潜力、新兴市场的崛起与机遇以及市场特色与差异化竞争态势共同构成了当前跨境电商市场的多元化格局。跨境电商企业需要紧跟市场趋势和消费者需求的变化，不断创新和提升自身竞争力以应对市场的挑战和机遇。

四、行业标杆企业与成功案例

（一）行业标杆企业的全球影响力

在跨境电商行业中，一批具有全球影响力的标杆企业凭借其卓越的产品质量、创新的技术应用、高效的供应链管理以及深入的市场洞察，成功地在全球市场上建立了强大的品牌地位。这些企业不仅代表了跨境电商行业的最高水平，也引领着整个行业的发展方向。它们通过不断的技术创新和市场拓展,打破了地域限制,将优质商品和服务带给全球消费者,推动了全球贸易的繁荣与发展。

(二)成功企业的核心竞争力构建

成功的跨境电商企业往往具备独特的核心竞争力,这些竞争力是它们在全球市场上立足并持续壮大的关键。一方面,这些企业注重产品品质和用户体验,通过严格的质量控制体系和完善的售后服务体系,赢得了消费者的信任和忠诚。另一方面,它们积极拥抱技术创新,运用大数据、人工智能、物联网等先进技术提高运营效率、优化用户体验,并不断探索新的业务模式和市场机会。此外,这些企业还具备强大的供应链整合能力和全球化视野,能够灵活应对市场变化,实现资源的优化配置和高效利用。

(三)可持续发展与社会责任的践行

随着全球对可持续发展和社会责任的关注日益增强,跨境电商行业的标杆企业也开始积极践行这些理念。它们将可持续发展融入企业战略和日常运营中,通过节能减排、绿色采购、环保包装等措施降低对环境的影响。同时,这些企业还关注社会公益和慈善事业,积极参与扶贫济困、教育支持等公益活动,回馈社会并提升自身品牌形象。这种将商业成功与社会责任相结合的做法不仅有助于企业的长远发展,也促进了整个行业的健康可持续发展。

(四)行业标杆企业的启示与展望

跨境电商行业的标杆企业为整个行业树立了榜样和标杆,它们的成功经验和发展模式为其他企业提供了有益的启示和借鉴。首先,企业应注重产品品质和用户体验的持续提升,以满足消费者日益增长的需求和期望。其次,企业应积极拥抱技术创新和数字化转型,利用先进技术提升运营效率和竞争力。同时,企业还应具备全球化视野和供应链整合能力,以应对复杂多变的市场环境和挑战。最后,企业应将可持续发展和社会责任融入企业战略中，实现经济效益与社会效益的双赢。展望未来，随着全球贸易的进一步发展和消费者需求的不断变化，跨境电商行业将继续保持快速增长的态势。在这个过程中，行业标杆企业将发挥更加重要的作用，引领整个行业向更高水平、更高质量的发展目标迈进。

第三节　数字经济对跨境电商的影响

一、数字技术如何重塑跨境电商模式

（一）数据驱动的决策制定

在数字经济时代，跨境电商的核心竞争力之一在于其数据驱动的决策能力。大数据技术使得跨境电商企业能够收集、整理并分析海量的用户行为数据、交易数据以及市场趋势数据，从而实现对消费者需求的精准洞察和对市场变化的敏锐感知。通过数据分析，企业可以优化产品选品、库存管理、营销推广等各个环节，实现资源的优化配置和效益的最大化。数据驱动的决策制定不仅提高了企业的运营效率，还增强了企业的市场响应速度和灵活性，使其在激烈的市场竞争中占据有利地位。

（二）智能化供应链管理

数字技术的应用还极大地推动了跨境电商供应链的智能化升级。借助物联网、人工智能等技术，跨境电商企业可以实现对供应链的实时监控和智能调度，确保商品从生产到消费的全链条可追溯、可预测。智能化的供应链管理能够降低库存成本、提高物流效率、减少损耗风险，并显著提升客户满意度。此外，通过数据分析和预测，企业可以更加精准地预测市场需求和库存需求，从而制订科学合理的采购计划和生产计划，实现供应链的精益化管理。

（三）个性化与定制化服务

数字经济的另一个重要特征是其能够为用户提供高度个性化和定制化的服务。在跨境电商领域，这主要体现在通过用户数据分析来为用户提供符合其个性化需求的商品推荐和服务。借助人工智能和机器学习技术，跨境电商平台可以根据用户的浏览历史、购买记录、兴趣偏好等信息，为其推送个性化的商品和优惠信息，提高用户的购物体验和满意度。同时，企业还可以根据用户反馈和市场需求，快速调整产品设计和生产流程，实现产品的定制化生产和服务，满足消费者的多元化需求。

（四）全球化市场拓展与融合

数字技术还极大地促进了跨境电商的全球化市场拓展与融合。通过互联网和跨境电商平台，企业可以轻松地将商品销售到全球各地，打破地域限制，实现市场的全球化布局。同时，数字技术还促进了不同国家和地区之间的文化交流和消费习惯融合，使得跨境电商在商品选品、营销策略等方面更加贴近当地市场需求。此外，通过跨境支付、物流等配套服务的不断完善和优化，跨境电商的全球化市场拓展与融合将变得更加便捷和高效。这不仅有助于企业拓展海外市场、提升品牌知名度，还将进一步推动全球贸易的繁荣与发展。

综上所述，数字技术正在以前所未有的方式重塑跨境电商模式。通过数据驱动的决策制定、智能化供应链管理、个性化与定制化服务以及全球化市场拓展与融合等方面的创新应用，跨境电商企业正不断提升自身竞争力并引领行业发展方向。随着数字技术的不断发展和普及，我们有理由相信跨境电商的未来将更加光明和充满机遇。

二、大数据与人工智能在跨境电商中的应用

（一）精准市场洞察与消费者行为分析

大数据与人工智能在跨境电商中的首要应用便是精准市场洞察与消费者行为分析。通过收集和分析海量的用户数据，包括浏览记录、搜索关键词、购买历史、社交媒体互动等，企业能够构建出详细的用户画像，深入理解消费者的需求、偏好及购物习惯。这一能力使得跨境电商企业能够针对特定用户群体进行定制化营销策略的制定，提供个性化的商品推荐和服务，从而提升用户满意度和忠诚度。同时，大数据和人工智能还能帮助企业预测市场趋势，优化库存管理，减少资源浪费，实现资源的高效配置。

（二）智能客服与自动化运营

在跨境电商的日常运营中，客服服务和运营管理是两个至关重要的环节。大数据与人工智能的应用，极大地提升了这两个环节的效率和质量。智能客服系统能够利用自然语言处理技术，自动识别并响应消费者的咨询和问题，提供快速、准确的解答。这种24小时不间断的服务，不仅提升了用户体验，还减轻了人工客服的压力。此外，人工智能还可以被应用于自动化运营管理中，如订单处理、库存监控、物流追踪等，实现流程的自动化和智能化，降低运营成本，提高运营效率。

（三）供应链优化与风险管理

跨境电商的供应链涉及多个环节和多个主体，其复杂性和不确定性给企业的运营带来了巨大挑战。大数据与人工智能技术的应用，为供应链的优化和风险管理提供了有力支持。通过对供应链各环节数据进行实时分析和预测，企业可以及时发现并解决潜在的问题，如库存

积压、物流延误等。同时，人工智能还可以根据市场需求和库存情况，自动调整生产计划和采购策略，实现供应链的动态平衡。此外，在风险管理方面，大数据和人工智能能够识别供应链中的潜在风险点，并提供预警和解决方案，帮助企业降低运营风险，保障业务的稳定发展。

（四）产品创新与定制化生产

大数据与人工智能还促进了跨境电商领域的产品创新和定制化生产。通过对市场趋势和消费者需求的深入分析，企业可以发现新的产品机会和市场空白点，从而进行产品的创新研发。同时，人工智能技术还可以应用于产品的设计和生产过程中，实现产品的个性化定制和智能制造。这种以消费者需求为导向的产品创新模式，不仅满足了市场的多元化需求，还提升了企业的市场竞争力。此外，通过收集和分析产品使用数据，企业还可以不断优化产品设计和功能，提升用户体验和满意度。

综上所述，大数据与人工智能在跨境电商中的应用范围广泛且深入，从市场洞察、消费者行为分析到智能客服、自动化运营再到供应链优化、风险管理和产品创新等多个方面，都发挥着不可替代的作用。这些技术的应用不仅提升了跨境电商的运营效率和用户体验，还推动了整个行业的转型升级和高质量发展。随着技术的不断进步和应用场景的不断拓展，我们有理由相信大数据与人工智能将在跨境电商领域发挥更加重要的作用。

三、数字经济时代跨境电商的竞争优势

（一）数据驱动的决策优势

在数字经济时代，跨境电商企业通过收集、整合并深入分析来自多渠道的海量数据，形成了数据驱动的决策优势。这些数据涵盖了

市场趋势、消费者行为、产品表现、供应链状态等多个维度，为企业提供了全面而深入的市场洞察。通过大数据分析工具，企业能够实时监测市场动态，预测消费趋势，优化产品策略，确保在激烈的市场竞争中保持敏捷性和前瞻性。这种基于数据的决策模式相比传统的经验决策，更加科学、客观，能够显著降低决策风险，提高决策效率和质量。

（二）个性化与定制化服务能力

数字经济赋予了跨境电商企业强大的个性化与定制化服务能力。借助大数据和人工智能技术，企业能够深入了解每位消费者的偏好、需求和行为模式，从而为他们提供个性化的商品推荐、价格优惠和服务体验。这种以消费者为中心的服务模式，不仅增强了消费者的购物满意度和忠诚度，还促进了商品的差异化竞争，提高了企业的市场竞争力。此外，企业还可以根据市场需求的变化，快速调整产品设计和生产流程，实现定制化生产，满足消费者的多样化需求。

（三）高效的供应链与物流管理

数字经济时代的跨境电商企业通过应用先进的信息技术和管理系统，实现了供应链与物流管理的高效协同。大数据分析帮助企业优化库存管理，减少库存积压和浪费，提高资金周转率。同时，通过物联网、区块链等技术的应用，企业能够实现对物流环节的实时监控和追溯，确保商品从生产到配送的全程可控和可追溯。这种高效的供应链与物流管理，不仅降低了企业的运营成本，还提高了物流配送的准确性和时效性，增强了消费者的购物体验。

（四）跨境支付与金融服务的创新

数字经济推动了跨境电商在跨境支付与金融服务方面的创新。传统的跨境支付流程烦琐、成本高昂，而数字经济时代的跨境电商企业通过引入第三方支付平台、区块链等先进技术，实现了跨境支付的便捷化、安全化和低成本化。此外，企业还可以利用大数据和人工智能技术，为消费者提供个性化的金融服务，如信用评估、融资支持等，进一步增强了企业的综合竞争力。这些金融服务的创新，不仅促进了跨境电商的快速发展，还为消费者提供了更加全面和便捷的购物体验。

综上所述，数字经济为跨境电商带来了前所未有的竞争优势。通过数据驱动的决策、个性化与定制化服务能力、高效的供应链与物流管理以及跨境支付与金融服务的创新，跨境电商企业能够在全球市场中占据有利地位，实现可持续发展。随着数字经济的不断发展和深化，跨境电商的竞争优势将进一步凸显，为全球贸易的繁荣与发展注入新的动力。

四、面临的挑战与应对策略

（一）数据安全与隐私保护

在数字经济背景下，跨境电商面临着严峻的数据安全与隐私保护挑战。随着数据的海量增长和流通加速，如何确保消费者个人信息的安全，防止数据泄露和滥用，成为企业必须面对的重要问题。跨境电商应加强对数据安全的重视，建立健全的数据保护机制，采用先进的加密技术和安全协议，确保数据传输和存储的安全性。同时，企业还需建立完善的隐私政策，明确告知消费者数据的收集、使用、共享和保护方式，增强消费者的信任感。此外，加强与国际数据保护法规的对接与合作，也是跨境电商应对数据安全挑战的重要策略。

（二）国际贸易壁垒与合规性

跨境电商在拓展全球市场的过程中，常常会遇到各种国际贸易壁垒和合规性问题。不同国家和地区的法律法规、税收政策、质量标准等存在差异，给跨境电商的运营带来了一定的难度和风险。为了应对这些挑战，跨境电商企业需要深入研究各国市场的法律环境，确保自身业务符合当地法规要求。同时，加强与政府、行业协会等机构的沟通与合作，获取政策支持和指导，降低合规性风险。此外，建立完善的内部合规管理体系，加强员工培训，提高合规意识，也是跨境电商应对国际贸易壁垒和合规性挑战的关键。

（三）市场竞争加剧与差异化挑战

随着数字经济的快速发展，跨境电商市场竞争日益激烈。众多企业涌入市场，产品同质化现象严重，价格战成为常见的竞争手段。为了在激烈的市场竞争中脱颖而出，跨境电商企业需要加强产品创新和品牌建设，打造差异化竞争优势。通过深入了解消费者需求和市场趋势，不断推出符合市场需求的新产品和服务；同时，加强品牌宣传和推广，提升品牌知名度和美誉度，增强消费者的品牌忠诚度。此外，通过优化供应链和物流体系，提高运营效率和服务质量，也是跨境电商应对市场竞争加剧和差异化挑战的有效策略。

（四）技术更新与人才短缺

数字经济时代的跨境电商需要不断跟进技术更新，以保持竞争力。然而，技术更新速度之快往往让企业面临人才短缺的困境。为了应对这一挑战，跨境电商企业需要加强人才引进和培养工作。一方面，通过提高薪酬福利、优化工作环境等方式吸引优秀人才加入；另一方面，加强内部培训和技能提升计划，提高员工的专业素养和创新能力。同时，加强与高校、研究机构等合作，建立产学研合作机制，共同培养符合市场需求的跨境电商人才。此外，企业还需关注新兴技术的发展趋势，积极引入新技术、新工具，提高运营效率和用户体验。

综上所述，数字经济为跨境电商带来了前所未有的发展机遇，但同时也带来了数据安全与隐私保护、国际贸易壁垒与合规性、市场竞争加剧与差异化以及技术更新与人才短缺等挑战。为了应对这些挑战并抓住发展机遇，跨境电商企业需要加强内部管理、提升技术实力、加强人才培养和引进、加强与政府和国际合作等多方面的努力。只有这样，才能在激烈的市场竞争中立于不败之地，实现可持续发展。

第四节　跨境电商的全球布局与竞争格局

一、全球跨境电商市场的地理分布

（一）全球跨境电商市场的区域集聚

全球跨境电商市场的地理分布呈现出明显的区域集聚特征。北美、欧洲和亚洲作为全球经济最为发达和活跃的地区，自然成了跨境电商的主要市场。北美市场以其成熟的电子商务环境、高消费能力以及完善的物流体系，吸引了众多跨境电商平台的布局。欧洲市场则因其多元化的消费需求、丰富的商品种类和较高的购物体验要求，成为跨境电商企业竞相争夺的焦点。亚洲市场，尤其是中国、日本和韩国等国家，凭借其在制造业、供应链和电子商务技术方面的优势，不仅成为全球跨境电商商品的重要来源地，也是跨境电商消费增长的重要驱动力。

（二）新兴市场的崛起与潜力

除了传统的发达市场外，新兴市场在全球跨境电商市场中的地位也日益凸显。非洲、拉丁美洲、中东等地区，虽然电商基础设施相对薄弱，但人口众多、消费潜力巨大，且随着互联网技术的普及和智能手机等设备的普及，电商渗透率正在快速提升。这些新兴市场的消费者对国际品牌和产品有着强烈的需求，为跨境电商提供了广阔的发展空间。跨境电商企业正通过加强物流基础设施建设、优化支付解决方案、提升本地化服务能力等方式，积极开拓这些新兴市场，以期在未来市场中占据有利地位。

（三）跨境电商平台的全球布局策略

跨境电商平台的全球布局策略是其实现市场扩张的关键。为了更好地服务全球消费者，跨境电商平台纷纷采取多种策略进行布局。一方面，通过投资并购等方式，快速进入新市场并获取当地市场份额；另一方面，加强与当地物流、支付等企业的合作，构建完善的本地化服务体系。同时，跨境电商平台还注重利用大数据、人工智能等先进技术，提升用户体验和运营效率。在布局过程中，跨境电商平台还需关注不同市场的法律法规、文化习俗等差异，制定符合当地市场特点的营销策略和产品策略。

（四）跨境物流与供应链的全球化挑战与应对

跨境物流与供应链的全球化是跨境电商实现全球布局的重要支撑。然而，跨境物流面临着诸多挑战，如长距离运输、复杂清关流程、不同国家和地区物流标准不一等。为了应对这些挑战，跨境电商企业正积极构建全球化的物流与供应链体系。通过建立海外仓、优化物流网络、引入先进的物流管理系统等方式，提高物流效率和准确性。同时，加强与物流企业的合作与沟通，共同应对跨境物流中的各种问题。此外，跨境电商企业还需关注供应链的稳定性和可持续性，确保商品质量和供应安全。

综上所述，全球跨境电商市场的地理分布呈现出区域集聚与新兴市场崛起的双重特征。跨境电商平台在通过全球布局策略实现市场扩张的同时，也面临着跨境物流与供应链的全球化挑战。为了应对这些挑战并抓住市场机遇，跨境电商企业需要在加强内部管理、提升技术实力、优化服务体验等多方面努力。只有这样，才能在激烈的市场竞争中立于不败之地，实现可持续发展。

二、主要国家与地区的跨境电商政策

(一)欧美国家的跨境电商政策框架

欧美国家作为全球经济的重要引擎,其跨境电商政策框架相对成熟且复杂。这些政策旨在促进跨境电商的健康发展,同时保护消费者权益、维护市场秩序。在欧盟,跨境电商政策主要涉及关税、增值税、消费者保护、数据保护及跨境支付等方面。欧盟通过实施统一的增值税法规,简化了跨境电商企业的税务处理流程,并加强了跨境数据流动的监管。同时,欧盟还积极推动跨境支付解决方案的发展,为消费者和企业提供更加便捷、安全的支付方式。在美国,跨境电商政策则侧重于市场准入、知识产权保护、数据隐私保护以及海关监管等方面。美国政府通过签署贸易协定、降低关税壁垒等措施,为跨境电商企业提供了更加开放的市场环境。同时,美国还加强了对知识产权的保护力度,打击假冒伪劣商品,维护了跨境电商市场的公平竞争。

(二)亚洲国家的跨境电商政策亮点

亚洲国家在跨境电商政策方面展现出独特的亮点和创新。以中国为例,中国政府高度重视跨境电商的发展,出台了一系列扶持政策,包括设立跨境电商综合试验区、提供税收优惠、简化清关流程等。这些政策不仅促进了中国跨境电商企业的快速成长,也为中国商品走向世界提供了有力支持。同时,中国还积极推动跨境电商国际合作,与多国签署电商合作备忘录,加强在跨境电商规则制定、标准对接等方面的合作。日本和韩国等亚洲国家也在跨境电商政策方面进行了积极探索。日本政府通过制定跨境电商发展战略、加强物流基础设施建设等措施,提升了跨境电商的便利性和竞争力。韩国政府则注重跨境电商的人才培养和市场推广,为中小企业参与跨境电商提供了有力支持。

(三)新兴市场国家的跨境电商政策环境

新兴市场国家在跨境电商政策环境方面呈现出较大的差异性和复杂性。这些国家往往面临着电商基础设施薄弱、法律法规不健全等挑战。然而,为了促进本国经济的发展和增加就业机会,许多新兴市场国家正在积极制定和完善跨境电商政策。一些国家通过降低关税、提供税收优惠等措施吸引跨境电商企业入驻;另一些国家则加强与国际组织的合作,借鉴发达国家的成功经验,制定符合本国国情的跨境电商政策。同时,新兴市场国家还注重加强跨境电商人才培养和市场监管,为跨境电商的健康发展提供有力保障。

(四)跨境电商政策的国际合作与协调

跨境电商政策的国际合作与协调是推动全球跨境电商市场健康发展的重要保障。随着跨境电商的快速发展,各国政府越来越意识到加强国际合作的重要性。在国际层面,各国政府通过签署贸易协定、参加国际组织等方式加强跨境电商政策的沟通与协调。这些合作不仅有助于降低跨境电商的贸易壁垒和成本,还有助于推动全球跨境电商规则的制定和完善。同时,各国政府还加强了在跨境电商知识产权保护、数据隐私保护等方面的合作与协调,共同打击跨境电商领域的违法违规行为,维护市场秩序和消费者权益。

综上所述,主要国家与地区的跨境电商政策各具特色且不断演进。欧美国家在政策框架上相对成熟且复杂;亚洲国家则展现出独特的政策亮点和创新;新兴市场国家在政策环境上呈现出差异性和复杂性;而跨境电商政策的国际合作与协调则成为推动全球跨境电商市场健康发展的重要力量。未来,随着跨境电商的持续发展和国际合作的不断深化,各国跨境电商政策将更加完善、协调和统一。

三、国际竞争态势与市场份额

（一）国际竞争态势的多元化与激烈化

在全球跨境电商领域，国际竞争态势呈现出多元化与激烈化的趋势。随着技术的不断进步和市场的不断开放，越来越多的国家和企业加入到跨境电商的竞争中来。这种多元化不仅体现在参与者的数量上，还体现在竞争方式的多样性上。从传统的价格战、品牌竞争，到如今的供应链优化、技术创新、用户体验提升等多方面的综合竞争，跨境电商市场的竞争层次不断升级。同时，国际竞争的激烈化也越发明显。头部企业凭借其品牌优势、技术实力和市场占有率，持续巩固其领先地位；而新兴企业则通过差异化竞争、市场细分等策略，努力在特定领域或地区取得突破。

（二）市场份额的集中与分散并存

在全球跨境电商市场份额的分布上，集中与分散并存的现象尤为突出。一方面，少数头部企业凭借其强大的综合实力和品牌影响力，占据了较大的市场份额。这些企业通常拥有完善的供应链体系、先进的技术支持和丰富的市场经验，能够在全球范围内提供高效、优质的跨境电商服务。另一方面，随着新兴市场的崛起和消费者需求的多样化，越来越多的中小企业也加入到跨境电商的行列中来，形成了市场份额的分散化趋势。这些企业虽然规模较小，但往往专注于某一特定领域或地区，通过精细化运营和特色化服务，赢得了消费者的青睐。

（三）跨境电商平台的全球化与本土化策略

面对复杂多变的国际竞争态势，跨境电商平台纷纷采取全球化与本土化并重的策略。全球化策略旨在通过构建全球性的电商平台和物流网络，实现商品和服务的跨国界流通。这要求跨境电商平台具备强大的技术实力、资金支持和市场开拓能力，以应对不同国家和地区的法律法规、文化习俗和消费习惯等差异。同时，本土化策略也是跨境电商平台不可忽视的重要方面。通过深入了解当地市场需求和消费者偏好，提供符合当地文化和习惯的商品和服务，跨境电商平台能够更好地融入当地市场，提升品牌影响力和市场份额。

（四）技术创新对竞争格局的深刻影响

技术创新是推动跨境电商竞争格局变化的关键因素之一。随着大数据、人工智能、物联网等技术的不断发展和应用，跨境电商平台在商品推荐、物流配送、客户服务等方面实现了智能化和高效化。这些技术创新不仅提升了跨境电商平台的运营效率和服务质量，还给消费者带来了更加便捷、个性化的购物体验。同时，技术创新也促进了跨境电商市场的细分化和差异化发展。通过运用新技术进行市场分析和精准营销，跨境电商平台能够更好地满足消费者的多样化需求，从而在激烈的市场竞争中脱颖而出。因此，对跨境电商企业来说，加强技术创新和研发投入，不断提升自身的技术实力和创新能力，是应对国际竞争态势变化、赢得市场份额的重要途径。

四、跨境电商企业的国际化战略

（一）市场选择与定位：精准布局，差异化竞争

跨境电商企业在实施国际化战略时，首要任务是进行精准的市场选择与定位。企业需深入研究目标市场的经济环境、消费者行为、文化习俗及竞争态势，明确自身的市场定位与竞争优势。通过差异化竞争策略，企业在产品或服务上寻求与竞争对手的区分点，满足特定消费群体的独特需求。例如，针对新兴市场对性价比的追求，企业可提供物美价廉的产品；而在发达市场，则更注重产品的品质、品牌和创新性。此外，企业还需关注市场的细分化趋势，通过精准营销和个性化服务，进一步巩固市场地位。

（二）供应链优化与资源整合：提升效率，降低成本

供应链优化与资源整合是跨境电商企业国际化战略中的关键环节。跨境电商涉及跨国界的商品流通，其供应链复杂度远高于传统电商。因此，企业需构建高效、灵活的供应链体系，实现库存管理、物流配送、质量控制等环节的优化。通过加强与供应商、物流服务商等合作伙伴的紧密合作，企业能够整合全球资源，提升运营效率，降低运营成本。同时，企业还需关注供应链的可持续性和风险管理，确保供应链的稳定性和安全性。

（三）品牌建设与营销策略：提升品牌影响力，增强市场认知

品牌建设与营销策略是跨境电商企业国际化战略的重要组成部分。在全球化市场中，品牌是企业的核心竞争力之一。跨境电商企业需通过多种渠道和方式加强品牌宣传和推广，提升品牌知名度和美誉度。这包括在目标市场投放广告、参与行业展会、开展线上营销活动等。同时，企业还需注重品牌故事的讲述和品牌文化的传播，增强消费者对品牌的认同感和忠诚度。此外，跨境电商企业还需关注社交媒体等新兴营销渠道的应用，通过精准营销和互动营销，与消费者建立更加紧密的联系。

（四）合规经营与风险管理：确保稳健发展，防范潜在风险

合规经营与风险管理是跨境电商企业国际化战略中不可忽视的重要方面。跨境电商涉及多个国家和地区的法律法规、税收政策、海关监管等复杂问题。因此，企业需加强合规意识，严格遵守各国法律法规和国际贸易规则，确保业务的合法性和合规性。同时，企业还需建立健全的风险管理体系，对潜在的市场风险、政策风险、汇率风险等进行全面评估和有效防控。通过加强内部控制、优化财务管理、建立风险预警机制等措施，企业能够提升抗风险能力，确保国际化战略的稳健实施。

综上所述，跨境电商企业在实施国际化战略时，需从市场选择与定位、供应链优化与资源整合、品牌建设与营销策略以及合规经营与风险管理等多个方面入手，全面提升自身的综合竞争力和国际化水平。通过精准布局、差异化竞争、高效运营、品牌建设以及合规经营等措施的实施，跨境电商企业能够在全球市场中占据有利地位，实现可持续发展。

第五节　跨境电商的未来趋势展望

一、技术创新引领的变革趋势

（一）大数据与人工智能的深度融合

在跨境电商的未来趋势中，技术创新将起到引领和推动的关键作用。其中，大数据与人工智能的深度融合将是不可忽视的重要趋势。随着跨境电商平台积累的海量用户数据和交易信息，大数据技术的应用使得企业能够更精准地分析市场需求、消费者行为以及供应链效率等关键要素。通过大数据挖掘和分析，企业能够发现潜在的市场机会，优化产品布局和营销策略。同时，人工智能技术的引入，使得跨境电商平台能够实现更智能化的推荐系统、客户服务以及供应链管理等环节。例如，基于用户购物历史和浏览行为的个性化推荐算法，能够显著提升用户的购物体验和转化率；智能客服机器人能够24小时不间断地解答用户问题，提高服务效率和质量。

（二）物联网技术在物流领域的广泛应用

物联网技术的快速发展将为跨境电商的物流环节带来重大的变革。通过物联网技术，企业能够实现对物流全过程的实时监控和追踪，包括货物的运输、仓储、分拣及配送等各个环节。这种透明化的管理方式不仅提高了物流效率，还大大降低了货物丢失和损坏的风险。同时，物联网技术还能够为跨境电商平台提供精准的库存管理和预测分析，帮助企业合理控制库存水平，降低库存成本。此外，物联网技术还可以与智能仓储系统相结合，实现自动化搬运、分拣和包装等作业，进一步提高物流作业的自动化水平和智能化程度。

（三）区块链技术在跨境电商中的应用探索

区块链技术作为一种去中心化、不可篡改的数据存储和传输技术，其在跨境电商领域的应用潜力巨大。通过区块链技术，跨境电商平台可以构建一个更加透明、安全、高效的交易环境。区块链技术可以确保交易数据的真实性和完整性，防止数据被篡改或伪造。在跨境支付领域，区块链技术可以实现快速、低成本的跨境转账和结算，提高支付效率并降低支付成本。此外，区块链技术还可以应用于跨境电商的供应链管理和溯源系统中，通过记录商品从生产到销售的每一个环节的信息，确保商品的质量和来源可追溯。

（四）跨境电商平台的智能化与个性化发展

随着技术的不断进步和消费者需求的日益多样化，跨境电商平台将更加注重智能化和个性化的发展。智能化主要体现在平台的算法优化、自动化作业及智能决策等方面。通过先进的算法和模型，跨境电商平台能够更精准地预测市场需求、优化库存管理以及提升用户体验。个性化则体现在平台根据用户的购物历史、浏览行为及兴趣爱好等信息，为用户提供个性化的商品推荐和营销服务。这种个性化的服务方式不仅能够提高用户的购物体验和满意度，还能够增强用户对平台的黏性和忠诚度。未来，随着技术的不断进步和跨境电商市场的日益成熟，跨境电商平台将更加注重智能化和个性化的发展趋势，以更好地满足消费者的需求和期望。

二、消费者需求驱动的市场变化

（一）消费者偏好的多元化与个性化

在跨境电商的未来趋势中，消费者需求的多元化与个性化将成为市场变化的重要驱动力。随着全球经济的发展和互联网技术的普及，消费者不再满足于单一、标准化的商品选择，而是追求更加多样化、个性化的购物体验。跨境电商平台通过汇聚全球优质商品，为消费者提供了前所未有的选择空间。同时，平台利用大数据和人工智能技术，能够精准分析消费者的购物偏好、行为模式及潜在需求，进而实现个性化推荐和定制化服务。这种基于消费者偏好的精准营销，不仅提高了购物效率，也增强了消费者的购物满意度和忠诚度。

（二）品质与品牌意识的提升

随着消费水平的提高，消费者对商品品质和品牌的要求也越来越高。跨境电商平台凭借其全球供应链优势，能够引入更多高品质、高知名度的国际品牌商品，满足消费者对高品质生活的追求。同时，平台也加强了对商品质量的把控，通过严格的筛选和认证机制，确保所售商品的品质可靠。这种对品质与品牌的重视，不仅提升了跨境电商平台的竞争力，也推动了整个行业的品质升级。

（三）购物体验的持续优化

在跨境电商领域，购物体验的优化是吸引和留住消费者的重要手段。未来，跨境电商平台将更加注重提升购物体验的每一个环节，包括商品搜索、浏览、下单、支付、物流及售后服务等。通过优化用户界面、提升网站速度、简化购物流程、加强支付安全保障以及提供便捷的售后服务等措施，跨境电商平台将努力为消费者打造一个更加便捷、安全、愉悦的购物环境。此外，随着虚拟现实（VR）和增强现实（AR）等技术的不断成熟，跨境电商平台还将探索这些新技术在购物体验中的应用，为消费者带来更加沉浸式和互动式的购物体验。

（四）可持续发展与环保意识的增强

在全球环保意识日益增强的背景下，消费者对可持续发展的关注度也在不断提升。跨境电商平台作为连接全球消费者和生产者的桥梁，将承担起推动可持续发展的重任。未来，跨境电商平台将更加注重环保包装、绿色物流以及可持续供应链的建设。通过采用可降解材料、优化物流路线、减少碳排放以及推广绿色消费理念等措施，跨境电商平台将努力降低自身运营对环境的影响，同时引导消费者形成绿色消费习惯。这种可持续发展的实践不仅符合全球环保趋势，也有助于提升跨境电商平台的企业形象和品牌价值。

三、政策与法规的未来走向

（一）政策支持的持续增强与细化

未来，跨境电商的政策支持将持续增强并更加细化。随着全球经济一体化的深入发展和国际贸易环境的不断变化，各国政府越发重视跨境电商对于促进经济增长、推动产业升级的重要作用。因此，可以预见的是，政府将出台更多具有针对性的政策措施，以支持跨境电商行业的健康发展。这些政策可能涉及税收优惠、融资支持、市场准入、物流便利化等多个方面，旨在降低跨境电商企业的运营成本，提升其市场竞争力。同时，政策的细化也将体现在对跨境电商不同环节、不同模式的精准扶持上，确保政策的有效落地和执行。

（二）监管体系的完善与合规要求的提高

随着跨境电商行业的快速发展，监管体系的完善与合规要求的提高将成为必然趋势。政府将加强对跨境电商的监管力度，建立健全跨境电商监管体系，确保跨境电商活动的合法性和规范性。这包括加强跨境电商平台的监管，规范平台经营行为；加强对跨境电商商品的质量安全监管，保障消费者权益；加强跨境电商进出口环节的监管，防止走私、逃税等违法行为的发生。同时，政府还将提高跨境电商企业的合规要求，要求企业严格遵守国际贸易规则、知识产权法规等，确保跨境电商活动的合法性和可持续性。

（三）国际合作与贸易协定的深化

跨境电商作为国际贸易的重要组成部分，其未来发展将受到国际合作与贸易协定深化的深刻影响。各国政府将加强在跨境电商领域的国际合作，共同推动跨境电商规则的制定和完善，促进跨境电商的全球化发展。通过签署双边或多边贸易协定，各国将在跨境电商关税、通关便利化、支付结算等方面达成共识，为跨境电商企业提供更加稳定和可预期的贸易环境。同时，国际组织和多边机构也将发挥重要作用，推动跨境电商标准的制定和推广，促进全球跨境电商市场的规范化和一体化发展。

（四）数据安全与隐私保护成为关注焦点

在跨境电商的未来发展中，数据安全与隐私保护将成为关注焦点。随着跨境电商活动的日益频繁和复杂，涉及的数据量也越来越大，数据安全和隐私保护问题日益凸显。政府将加强对跨境电商数据安全和隐私保护的监管力度，要求跨境电商企业加强数据安全管理和隐私保护措施，防止数据泄露和滥用。同时，政府还将推动跨境电商数据共享和互认机制的建设，促进跨境电商数据的流通和利用，同时确保数据的合法性和安全性。此外，跨境电商企业也需要加强自身的数据安全和隐私保护能力，以提升消费者的信任度和满意度。

四、跨境电商的可持续发展方向

随着全球经济一体化和数字化转型的加速推进，跨境电商作为国际贸易的重要形式，迎来前所未有的发展机遇与挑战。未来，跨境电商的可持续发展方向将围绕技术创新、市场多元化、供应链优化及合规经营四大核心领域展开，以推动行业实现高质量、高效率、可持续的发展。

（一）技术创新引领行业发展

技术创新是跨境电商持续发展的核心驱动力。随着人工智能、大数据、云计算、区块链等技术的不断成熟与应用，跨境电商的运营效率和消费者体验将得到显著提升。具体而言，AI技术将广泛应用于产品推荐、库存管理、客户服务等环节，实现精准营销和个性化服务；大数据分析将帮助企业洞察市场趋势，优化产品结构和供应链管理；区块链技术则能提升交易透明度，保障数据安全与隐私。此外，虚拟现实（VR）和增强现实（AR）技术的引入，将为消费者提供沉浸式购物体验，进一步激发消费潜力。通过这些技术的应用，跨境电商将构建起更加智能化、高效化、安全化的运营体系，推动行业向更高水平发展。

（二）市场多元化拓宽发展空间

市场多元化是跨境电商实现可持续发展的重要途径。随着全球消费者对高品质、多样化商品的需求日益增长，跨境电商企业需不断拓展市场边界，实现多元化布局。一方面，企业应深耕现有市场，通过精细化运营提升市场份额；另一方面，应积极开拓新兴市场，如东南亚、拉美等地区，这些地区拥有庞大的消费群体和快速发展的电商市场，能够为跨境电商提供广阔的发展空间。同时，跨境电商还需关注不同市场的文化、法律、消费习惯等差异，制定差异化竞争策略，以满足不同市场消费者的需求。通过市场多元化布局，跨境电商将实现更广泛的全球覆盖和更稳定的业绩增长。

（三）供应链优化提升竞争力

供应链优化是跨境电商提升竞争力的关键所在。随着跨境电商规模的扩大和市场竞争的加剧，企业对供应链管理的要求越来越高。未来，跨境电商将更加注重供应链的数字化、智能化和透明化建设，通过大数据、物联网等技术手段实现供应链的精准管理和高效协同。同时，企业还需加强与供应商、物流商等合作伙伴的紧密合作，构建稳定、高效的供应链体系。此外，海外仓的建设和运营也将成为跨境电商供应链优化的重要方向，通过提前备货、快速配送等方式提升消费者体验和市场响应速度。通过供应链优化，跨境电商将实现成本降低、效率提升和竞争力增强等目标。

（四）合规经营保障持续发展

合规经营是跨境电商实现可持续发展的基石。随着各国对跨境电商监管力度的加强和消费者维权意识的提升，跨境电商企业需严格遵守相关法律法规和行业标准，确保经营活动的合法性和规范性。具体而言，企业应建立完善的合规管理体系，加强知识产权保护、数据安全保护等方面的工作；同时，还需密切关注各国政策动态和市场变化，及时调整经营策略以应对潜在风险。此外，跨境电商还需加强与当地政府、行业协会等机构的沟通与合作，共同推动行业的健康有序发展。通过合规经营，跨境电商将赢得消费者和市场的信任与支持，为企业的长期发展奠定坚实基础。

综上所述，跨境电商的可持续发展方向将围绕技术创新、市场多元化、供应链优化及合规经营四大核心领域展开。未来，随着这些领域的不断发展和完善，跨境电商将实现更高质量、更高效率、更可持续的发展目标。

第二章　跨境电商市场环境与机遇

第一节　国际市场环境与消费者行为分析

一、全球经济形势与跨境电商市场

在全球经济一体化不断加深的背景下，跨境电商市场作为国际贸易的重要组成部分，正经历着前所未有的变革与机遇。本节将从全球经济形势、国际市场环境、消费者行为变化及跨境电商市场机遇四个方面进行深入分析。

（一）全球经济形势的复杂性与不确定性

当前，全球经济形势呈现出复杂性与不确定性并存的特点。一方面，科技进步和数字化转型的加速推动了全球经济的增长动力转换，为跨境电商的发展提供了广阔的空间和可能性。另一方面，全球贸易保护主义的抬头、地缘政治冲突的加剧以及全球经济周期性波动等因素，给跨境电商市场带来了不确定性和挑战。在这种背景下，跨境电商企业需要密切关注全球经济动态，灵活调整经营策略，以应对潜在的市场风险。

（二）国际市场环境的多元化与融合

随着全球化的深入发展，国际市场环境呈现出多元化与融合的趋势。不同国家和地区在经济发展水平、文化背景、消费习惯等方面存在差异，但同时也存在着相互依存、共同发展的内在需求。这种多元化与融合的市场环境为跨境电商提供了丰富的市场资源和多元化的市场机会。跨境电商企业可以通过深入了解不同市场的特点和需求，制定差异化的市场进入策略，实现市场的精准定位和有效拓展。

（三）消费者行为的变化与影响

消费者行为的变化是跨境电商市场发展的重要驱动力。随着互联网技术的普及和移动支付的便捷化，消费者的购物方式、消费观念及品牌忠诚度等方面都发生了显著变化。一方面，消费者越来越倾向于线上购物，追求便捷、高效的购物体验；另一方面，消费者对于产品质量、价格、服务等方面的要求也越来越高，更加注重个性化、差异化的消费体验。这些变化对跨境电商企业提出了新的挑战和要求，需要企业不断创新产品和服务模式，提升消费者体验和满意度。

（四）跨境电商市场的机遇与挑战并存

在全球经济形势和国际市场环境的共同作用下，跨境电商市场面临着前所未有的机遇与挑战。一方面，跨境电商市场具有巨大的发展潜力，尤其是在新兴市场和发展中国家，随着互联网的普及和消费升级的推进，跨境电商市场将迎来更加广阔的发展空间。另一方面，跨境电商市场也面临着诸多挑战，如市场竞争加剧、合规经营难度加大、物流配送成本高等问题。为了抓住市场机遇并应对挑战，跨境电商企业需要加强技术创新、优化供应链管理、提升服务质量等方面的能力，以不断提升自身的核心竞争力和市场适应能力。

综上所述，全球经济形势与跨境电商市场之间存在着密切的关联和互动。跨境电商企业需要密切关注全球经济动态和国际市场环境的变化，深入了解消费者行为的变化趋势和需求特点，以灵活的经营策略和创新的业务模式抓住市场机遇并应对挑战。只有这样，才能在竞争激烈的跨境电商市场中立于不败之地并实现可持续发展。

二、主要市场区域的消费者特征

在跨境电商的广阔舞台上，不同市场区域的消费者特征构成了多元化的市场格局，为商家提供了丰富的市场洞察与策略制定的依据。下面将从文化偏好、消费习惯、支付方式偏好以及技术接受度四个方面，对主要市场区域的消费者特征进行深入剖析。

（一）文化偏好与消费选择

文化是影响消费者行为的核心因素之一，它深刻地塑造着消费者的审美观念、价值判断及消费选择。在欧洲市场，消费者普遍追求高品质与精致生活，对品牌故事和文化内涵有着较高的认同感，偏好具有设计感、环保理念的商品。而在亚洲市场，特别是东亚地区，消费者更加注重产品的实用性、性价比以及健康环保属性，同时，受儒家文化影响，对礼仪、尊重传统等价值观也有明显体现，这在一定程度上影响了节日礼品、家居用品等商品的选择。北美市场则融合了多元文化，消费者更加开放包容，追求个性化、创新性的消费体验，对科技产品、时尚潮流有着极高的热情。

（二）消费习惯与购物行为

不同市场区域的消费者在购物习惯上也表现出显著差异。例如，北美消费者习惯于使用大型电商平台进行一站式购物，注重快速便捷的物流配送和完善的售后服务。欧洲消费者更加偏爱通过专业电商平台或独立品牌网站进行购物，他们更加注重购物的体验感和产品本身的品质。亚洲市场则因其庞大的人口基数和快速发展的互联网基础设施，成为跨境电商的重要增长点，消费者热衷于通过社交媒体、短视频平台等发现新品，并倾向于在移动设备上完成购物过程。此外，亚洲市场还普遍存在"双11""黑色星期五"等全球购物节的热烈参与，形成了独特的消费文化。

（三）支付方式偏好与金融科技

支付方式的便捷性和安全性是影响消费者购物体验的关键因素之一。在北美和欧洲市场，信用卡支付、PayPal等第三方支付平台占据了主导地位，消费者普遍信任并习惯使用这些方式进行在线支付。而在亚洲市场，特别是中国、东南亚等地，移动支付（如支付宝、微信支付等）已成为主流支付方式，其便捷性和普及率远超传统支付方式。此外，随着金融科技的发展，数字货币、区块链支付等新兴支付方式也开始在一些市场区域崭露头角，为跨境电商提供了更多的支付选择。

（四）技术接受度与购物体验

技术接受度是影响跨境电商发展的重要因素。在北美和欧洲市场，消费者普遍对新技术持有开放态度，乐于尝试如AR试衣、VR购物等前沿技术带来的沉浸式购物体验。这些技术的应用不仅提升了购物的趣味性和互动性，还增强了消费者对商品的感知和认知。而在亚洲市场，虽然技术接受度同样较高，但消费者更加注重技术的实用性和便捷性，如智能推荐系统、一键式购物等功能更受青睐。此外，随着5G、物联网等技术的普及和应用，未来跨境电商在购物体验方面将有更多创新和突破。

综上所述，主要市场区域的消费者特征在文化偏好、消费习惯、支付方式偏好以及技术接受度等方面均存在显著差异。跨境电商企业需深入了解这些特征，制定针对性的市场进入策略和产品营销策略，以更好地满足消费者的需求和期待。

三、消费者行为模式与偏好变化

在跨境电商领域，消费者行为模式与偏好的变化是推动市场发展的重要力量。随着全球经济的融合、科技的进步以及消费者自身需求的不断演变，这些变化呈现出多元化、复杂化的趋势。下面将从信息获取渠道、购物决策过程、个性化需求与定制化服务，以及可持续消费意识四个方面，深入剖析当前消费者行为模式与偏好的变化趋势。

（一）信息获取渠道的多元化与碎片化

在数字化时代，消费者获取信息的渠道日益多元化和碎片化。除了传统的电视、广播、报纸等媒体外，互联网、社交媒体、短视频平台等新兴渠道已成为消费者获取信息的主要来源。这些渠道不仅提供了丰富的商品信息、用户评价、专业评测等内容，还通过算法推荐等技术手段，实现了信息的个性化推送。消费者在这些渠道中穿梭，快速浏览、筛选信息，形成了独特的信息获取习惯。因此，跨境电商企业需要重视多渠道营销，优化信息呈现方式，提高信息触达率和转化率。

（二）购物决策过程的复杂化与理性化

随着消费者获取信息的便捷性提高，购物决策过程也变得更加复杂和理性。消费者不再仅仅依赖价格、品牌等单一因素做出购买决策，而是会综合考虑产品质量、性价比、用户评价、售后服务等多个方面。此外，社交媒体上的口碑传播、KOL（关键意见领袖）的推荐等也对消费者的购物决策产生重要影响。因此，跨境电商企业需要加强品牌建设，提升产品质量和服务水平，同时积极利用社交媒体等渠道进行口碑营销和精准营销，以赢得消费者的信任和忠诚。

(三)个性化需求与定制化服务的兴起

随着消费者需求的日益多样化和个性化,定制化服务已成为跨境电商市场的重要趋势。消费者不再满足于标准化的商品和服务,而是希望获得更符合自己个性化需求的商品和服务。这要求跨境电商企业具备强大的数据分析和处理能力,能够精准把握消费者的需求和偏好,提供个性化的商品推荐和定制化服务。同时,企业还需要加强与消费者的互动和沟通,了解他们的真实需求和反馈,不断优化产品和服务以满足消费者的个性化需求。

(四)可持续消费意识的增强

近年来,随着环保意识的普及和消费者社会责任感的增强,可持续消费已成为全球消费者的共同追求。消费者越来越关注商品的环保性、可持续性以及企业的社会责任表现。他们倾向于选择那些采用环保材料、生产过程低碳、具有社会责任感的品牌和产品。因此,跨境电商企业需要积极响应这一趋势,加强环保和社会责任建设,推广绿色消费理念,提供环保、可持续的商品和服务。这不仅有助于提升企业的品牌形象和竞争力,还有助于推动整个行业的可持续发展。

综上所述,消费者行为模式与偏好的变化对跨境电商市场产生了深远的影响。跨境电商企业需要密切关注这些变化趋势,及时调整经营策略和市场定位,以更好地满足消费者的需求和期待。通过优化信息获取渠道、提升购物决策体验、满足个性化需求与定制化服务以及推广可持续消费理念等措施,跨境电商企业可以在激烈的市场竞争中脱颖而出,实现可持续发展。

四、跨境电商的市场细分与目标定位

在跨境电商的广阔领域中,精准的市场细分与目标定位是企业成功的关键。通过深入分析国际市场环境与消费者行为,企业能够识别出具有潜力的细分市场,并据此制定针对性的市场进入和营销策略。下面将从市场细分的依据、细分市场的特征、目标市场的选择原则以及目标市场的定位策略四个方面进行详细阐述。

(一)市场细分的依据

市场细分的依据多种多样,主要包括地理因素、人口统计因素、心理因素、行为因素及技术因素等。地理因素考虑的是不同国家和地区的市场差异,如文化、经济、法律环境等;人口统计因素关注消费者的年龄、性别、收入、教育程度等基本信息;心理因素涉及消费者的价值观、生活方式、个性特征等;行为因素包括购买动机、购买频率、品牌忠诚度等;技术因素则随着科技的发展,如互联网普及率、移动支付接受度等成为新的细分依据。跨境电商企业应根据自身资源和能力,结合市场环境变化,灵活选择适合的细分依据进行市场细分。

(二)细分市场的特征

每个细分市场都具有独特的特征和需求。例如,在地理细分上,欧美市场可能更注重品牌和质量,而亚洲市场则更关注性价比和便利性;在人口统计细分上,年轻消费者可能更倾向于追求时尚和个性化,而中老年消费者则更注重产品的实用性和健康性;在行为细分上,高频购买者可能更关注促销活动和会员福利,而低频购买者则可能更看重初次购买的体验和满意度。跨境电商企业需要深入了解各细分市场的特征,以便制定更加精准的市场策略。

(三)目标市场的选择原则

在选择目标市场时,跨境电商企业应遵循以下原则:一是市场规模与增长潜力,选择具有足够规模和增长潜力的市场作为目标市场;二是市场竞争格局,评估目标市场的竞争程度和企业自身的竞争优势;三是市场吸引力与企业资源匹配度,分析目标市场是否与企业自身的资源、能力和战略方向相匹配;四是市场进入的可行性与风险性,考虑市场进入的难易程度、成本投入及潜在风险等因素。通过综合考虑这些原则，企业能够选出最适合自己的目标市场。

（四）目标市场的定位策略

在确定了目标市场后，跨境电商企业需要制定明确的定位策略以区别于竞争对手并吸引目标消费者。定位策略包括产品差异化、服务差异化、品牌形象差异化等多个方面。产品差异化强调产品的独特性和创新性，如独特的设计、功能或材质等；服务差异化则注重提供超越竞争对手的优质服务体验，如快速响应的客户服务、便捷的物流配送等；品牌形象差异化则通过塑造独特的品牌形象和价值观来吸引目标消费者。跨境电商企业应根据目标市场的特征和消费者需求，选择适合的定位策略并持续投入资源进行强化和巩固。同时，企业还需要密切关注市场动态和竞争对手的变化，灵活调整定位策略以应对市场挑战和机遇。

第二节 跨境电商政策环境与合规要求

一、国际贸易政策对跨境电商的影响

在全球化背景下，国际贸易政策对跨境电商的影响日益显著。跨境电商作为国际贸易的新形态，其发展不仅受到全球经济环境的影响，更直接受到各国贸易政策的引导和制约。下面将从贸易政策调整对跨境电商市场的直接影响、贸易壁垒对跨境电商的挑战、贸易协定对跨境电商的促进以及跨境电商企业的应对策略四个方面，深入剖析国际贸易政策对跨境电商的影响。

(一)贸易政策调整对跨境电商市场的直接影响

国际贸易政策的调整往往对跨境电商市场产生直接影响。关税政策、进口限制、出口退税等政策的变动,会直接影响跨境电商的成本结构和利润空间。例如,关税的提高会增加跨境电商的进口成本,降低其价格竞争力;而进口限制的加强则可能导致部分商品无法进入目标市场,影响跨境电商的业务范围。此外,各国政府对跨境电商的监管政策也在不断完善,如加强知识产权保护、打击假冒伪劣商品等,这些政策的变化都会对跨境电商的运营模式和市场环境产生影响。

(二)贸易壁垒对跨境电商的挑战

贸易壁垒是跨境电商发展过程中的重要挑战之一。传统贸易壁垒如关税壁垒、非关税壁垒(如技术标准、环保要求等)在跨境电商领域依然存在,并可能因跨境电商的特殊性而变得更加复杂。跨境电商企业在面对这些壁垒时,需要投入更多的资源和精力进行合规经营,以应对各国政府的监管要求。同时,跨境电商还面临着数字贸易壁垒等新兴挑战,如数据流动限制、网络安全要求等,这些都对跨境电商的技术实力和数据管理能力提出了更高要求。

(三)贸易协定对跨境电商的促进

与贸易壁垒相反,贸易协定则对跨境电商的发展提供了有力支持。通过签署自由贸易协定、区域经济一体化协议等,各国可以降低或取消关税壁垒,促进商品和服务的自由流动。这对跨境电商来说,意味着更广阔的市场空间和更低的运营成本。同时,贸易协定还可能包含电子商务章节,明确跨境电商的监管规则和合作机制,为跨境电商提供更加稳定和可预期的政策环境。这些积极因素将推动跨境电商的快速发展和全球化布局。

(四)跨境电商企业的应对策略

面对国际贸易政策的变化和挑战,跨境电商企业需要采取积极有效的应对策略。首先,企业应密切关注国际贸易政策动态,及时了解和掌握政策调整的最新信息,以便做出快速反应和调整。其次,企业应加强合规经营和风险管理,建立健全的内部控制体系,确保业务活动的合法性和合规性。同时,企业还应加强技术创新和品牌建设,提升产品质量和服务水平,增强市场竞争力。最后,跨境电商企业还应积极寻求国际合作和拓展新兴市场,以分散风险并寻求新的增长点。通过这些措施的实施,跨境电商企业可以在复杂多变的国际贸易环境中保持稳健发展并抓住新的机遇。

二、各国跨境电商监管政策概述

在全球化背景下,跨境电商已成为推动国际贸易增长的重要力量。各国政府纷纷出台相关政策和监管措施,以规范跨境电商市场,促进其发展。本节将从政策环境、税收政策、监管体系及合规要求四个方面,对跨境电商的政策环境与合规要求进行详细分析。

(一)政策环境

随着跨境电商的快速发展,各国政府逐渐认识到其在促进经济增长、增加就业机会、丰富消费者选择等方面的积极作用。因此,各国政府纷纷出台了一系列支持跨境电商发展的政策措施。这些政策不仅涵盖了跨境电商的准入条件、市场准入、跨境支付、物流配送等方面,还包括了知识产权保护、消费者权益保护等关键领域。

在中国,政府高度重视跨境电商的发展,将其视为推动外贸转型升级的重要抓手。近年来,中国政府不断完善跨境电商的监管体系,优化通关流程,降低企业成本,提升服务质量。同时,政府还积极支持跨境电商企业拓展国际市场,鼓励企业建设海外仓,提升跨境物流效率。此外，中国还积极参与国际合作，推动跨境电商规则的制定和完善，为跨境电商的健康发展创造良好的国际环境。

在其他国家，如美国、欧盟等发达经济体，政府也出台了一系列支持跨境电商发展的政策措施。这些政策旨在促进本国跨境电商的快速发展，并且通过跨境电商加强与其他国家的经贸联系，推动全球经济一体化进程。

（二）税收政策

跨境电商税收政策是各国政府监管跨境电商的重要手段之一。各国政府通过制定不同的税收政策，对跨境电商的进口和出口环节进行监管和调节。

在跨境电商进口环节，各国政府普遍对进口商品征收关税、增值税和消费税等税种。为了促进跨境电商的发展，一些国家还推出了小额免税政策，即对价值较低的商品免征关税或增值税。然而，随着跨境电商规模的扩大，一些国家开始调整税收政策，加强对跨境电商的税收监管。

在跨境电商出口环节，各国政府也出台了相应的税收优惠政策。例如，一些国家为鼓励本国企业拓展国际市场，对跨境电商出口商品给予税收减免或退税优惠。这些政策不仅降低了企业的出口成本，还提升了企业的国际竞争力。

需要注意的是，跨境电商税收政策的制定和实施需要充分考虑国际税收协调问题。各国政府应加强合作，共同推动国际税收规则的制定和完善，以避免税收重复征收和税收逃避等问题。

（三）监管体系

跨境电商的监管体系是保障其健康发展的关键。各国政府通过建立完善的监管体系，对跨境电商的市场准入、经营行为、产品质量等方面进行严格监管。

在跨境电商市场准入方面，各国政府普遍要求跨境电商企业具备一定的资质和条件才能进入市场。这些资质和条件包括企业注册登记、备案许可、产品质量认证等。通过严格的市场准入制度，可以确保跨境电商企业的合法性和规范性。

在跨境电商经营行为监管方面，各国政府加强了对跨境电商平台的监管力度。政府要求跨境电商平台建立健全的卖家管理机制、商品质量监控制度、消费者投诉处理机制等，以保障消费者权益和维护市场秩序。

此外，各国政府还加强了对跨境电商产品质量的监管。政府要求跨境电商企业严格遵守产品质量标准和安全法规，确保所售商品的质量和安全。对于存在质量问题的商品，政府将依法进行查处和处罚。

（四）合规要求

跨境电商的合规要求是推动其健康发展的重要保障。各国政府通过制定相关法律法规和规范性文件，对跨境电商的合规要求进行了明确规定。

在跨境电商合规要求方面，各国政府普遍要求跨境电商企业遵守国际贸易规则、海关监管规定、税收法规等。同时，政府还要求跨境电商企业加强知识产权保护、消费者权益保护等方面的合规管理。

对跨境电商企业来说，遵守合规要求不仅是履行法律义务的需要，更是提升企业形象和信誉的重要途径。因此，跨境电商企业应积极了解并遵守相关合规要求，加强内部管理和风险控制，确保自身业务的合规性和可持续性发展。

总之，跨境电商政策环境与合规要求是跨境电商发展的重要保障。各国政府应不断完善政策环境、优化税收政策、加强监管体系和提升合规要求水平，以推动跨境电商的健康发展和全球贸易的繁荣。

三、跨境电商的税务与关税问题

在跨境电商的快速发展中，税务与关税问题成为影响其成本结构、市场竞争力及合规性的重要因素。这些问题不仅涉及复杂的国际税收规则，还受到各国国内税法、关税政策的直接影响。下面将从税务法规的复杂性、关税政策的多样性、税务合规的挑战以及应对策略四个方面，对跨境电商的税务与关税问题进行深入分析。

（一）税务法规的复杂性

跨境电商涉及的税务法规具有高度的复杂性。一方面，跨境电商交易跨越国界，涉及多个国家和地区的税收管辖权，导致税务处理上需要同时考虑多个国家的税法规定。不同国家对于跨境电商的税务处理可能存在差异，包括税种、税率、征税方式等方面的不同，这使得跨境电商企业在税务处理上需要面临更多的不确定性和挑战。

另一方面，跨境电商的交易模式也增加了税务处理的复杂性。跨境电商可能涉及 B2B、B2C、C2C 等多种交易模式，每种模式在税务处理上都有其独特之处。例如，B2C 模式下的跨境电商需要处理消费者所在国的增值税或消费税问题，而 B2B 模式则可能涉及关税、进口环节税等多种税种。此外，跨境电商还可能涉及跨境电商综合税、数字服务税等新兴税种，这些税种的引入进一步增加了税务处理的复杂性。

（二）关税政策的多样性

关税政策是影响跨境电商成本和市场准入的关键因素之一。各国政府为了保护本国产业、调节国际收支等目的，制定了不同的关税政策。这些关税政策在税率、商品分类、优惠待遇等方面存在差异，导致跨境电商在不同国家面临不同的关税负担。

关税政策的多样性不仅增加了跨境电商的运营成本，还可能影响其市场布局和竞争力。高关税可能导致跨境电商商品在目标市场的价格优势丧失，进而影响销量和市场份额。因此，跨境电商企业需要密切关注各国关税政策的变化，及时调整市场策略和产品结构，以应对关税政策带来的挑战。

（三）税务合规的挑战

税务合规是跨境电商企业必须面对的重要问题。由于税务法规的复杂性和关税政策的多样性，跨境电商企业在税务合规方面面临诸多挑战。首先，跨境电商企业需要了解并遵守多个国家和地区的税法规定和关税政策，这要求企业具备较高的法律素养和税务处理能力。

其次，跨境电商交易涉及大量的电子数据和跨境资金流动，使得税务监管更加复杂和困难。税务机关需要借助先进的技术手段和跨境合作机制来加强对跨境电商的税务监管。然而，在实际操作中，由于信息不对称、跨境合作机制不完善等原因，税务监管往往难以达到理想效果。

最后，跨境电商企业在税务合规方面还可能面临其他挑战，如税收协定适用问题、税收争议解决机制不健全等。这些问题可能导致跨境电商企业在税务处理上产生纠纷和争议，影响其正常经营和发展。

（四）应对策略

面对税务与关税问题带来的挑战，跨境电商企业需要采取积极的应对策略。首先，企业应加强税务规划和风险管理，提前了解和评估各国税务法规和关税政策的影响，制订相应的税务筹划方案，降低税务风险和成本。

其次，企业应加强与税务机关的沟通和合作，建立良好的税企关系。通过加强与税务机关的沟通和合作，企业可以及时了解税务政策和监管要求的变化，获取税收优惠和便利措施的支持，提高税务合规的效率和准确性。

再次，跨境电商企业还应加强内部管理和信息化建设，提升税务处理的自动化和智能化水平。通过引入先进的税务管理系统和数据分析工具，企业可以实现对税务数据的实时监控和分析，提高税务处理的效率和准确性，降低人为错误和合规风险。

最后，跨境电商企业应积极参与国际税收合作和规则制定工作，推动国际税收规则的完善和发展。通过参与国际税收合作和规则制定工作，企业可以影响国际税收规则的制定方向和内容，为自身创造更加有利的税务环境和发展空间。

四、合规经营与风险防控策略

在跨境电商的广阔市场中，合规经营与风险防控是企业稳健发展的基石。随着各国政策环境的不断变化和市场竞争的日益激烈，跨境电商企业面临着日益复杂的合规要求和潜在风险。因此，制定并实施有效的合规经营与风险防控策略，对于跨境电商企业的可持续发展至关重要。下面将从四个方面进行深入分析。

（一）构建全面的合规管理体系

合规管理体系是跨境电商企业实现合规经营的基础。企业应建立一套完整的合规管理制度，明确各部门的合规职责和操作流程，确保各项业务活动在合法合规的框架内进行。这包括但不限于贸易政策、税收政策、知识产权保护、消费者权益保护、数据安全及隐私保护等多个方面。企业还需设立专门的合规部门或岗位，负责监控和分析国内外政策法规的变化，及时评估并应对潜在的合规风险。

（二）加强内部控制与风险管理

内部控制是跨境电商企业防控风险的重要手段。企业应建立健全的内部控制制度，确保财务数据的真实性和准确性，防范内部舞弊和欺诈行为。同时，企业还需建立风险预警和应对机制，对可能出现的合规风险进行提前识别和评估，并制定相应的应对措施。这包括但不限于定期对业务流程进行风险评估、制订风险应对预案、加强员工合规培训等。

（三）强化供应链管理与合作伙伴审核

跨境电商的供应链复杂且涉及多个环节，任何一个环节的疏漏都可能引发合规风险。因此，企业需加强对供应链的管理和监控，确保供应商、物流商等合作伙伴均符合合规要求。企业应建立严格的合作伙伴审核制度，对合作伙伴的资质、信誉、合规记录等进行全面审查，确保与合规的合作伙伴建立长期稳定的合作关系。此外，企业还需与合作伙伴建立信息共享和沟通机制，共同应对可能出现的合规风险。

（四）提升技术应用与数据安全防护

随着数字化时代的到来，技术应用和数据安全已成为跨境电商合规经营的重要组成部分。企业应积极引入先进的信息技术，提升业务处理的自动化和智能化水平，降低人为操作带来的合规风险。同时，企业还需加强数据安全防护工作，建立完善的数据安全管理体系，确保用户数据和个人隐私得到妥善保护。这包括但不限于采用加密技术保护数据传输和存储、定期进行安全漏洞扫描和风险评估、制订数据泄露应急预案等。

总之，跨境电商企业在面对复杂多变的政策环境和市场竞争时，必须高度重视合规经营与风险防控工作。通过构建全面的合规管理体系、加强内部控制与风险管理、强化供应链管理与合作伙伴审核以及提升技术应用与数据安全防护等措施，企业可以有效应对潜在的合规风险和挑战，确保在合规的前提下实现稳健发展。同时，政府和社会各界也应加强对跨境电商合规经营的支持和引导，共同推动跨境电商行业的健康可持续发展。

第三节　跨境电商的机遇与挑战

一、跨境电商市场的增长机遇

跨境电商市场作为全球经济一体化的重要推手，正以前所未有的速度蓬勃发展，为企业带来了前所未有的增长机遇。本节将从四个方面深入分析跨境电商市场的增长机遇，以期为企业把握市场脉搏、实现跨越式发展提供参考。

（一）全球化市场的无界拓展

跨境电商最直接的机遇在于它打破了传统贸易的地域限制，使得企业能够轻松触达全球消费者。随着互联网的普及和全球物流网络的日益完善，企业不再受限于物理空间，而是能够将产品和服务销往世界各地。这种无界的市场拓展不仅为企业带来了巨大的销售潜力，还促进了国际贸易的多元化和平衡发展。通过跨境电商平台，中小企业也能与大企业同台竞技，共享全球市场红利。

（二）消费升级与个性化需求的兴起

全球消费者正经历着从基本需求满足向品质生活追求的转变，跨境电商平台以其丰富的商品种类、便捷的购物体验和跨境直邮等优势，满足了消费者对于高品质、个性化商品的需求。同时，跨境电商企业也通过大数据和人工智能技术，深入分析消费者偏好和行为习惯，提供更加精准的产品推荐和个性化服务。这种以消费者为中心的经营理念，不仅提升了消费者的购物体验，也为企业带来了更多的增长机遇。

（三）政策支持与贸易便利化的推进

各国政府为了促进本国经济发展、扩大国际贸易合作，纷纷出台了一系列支持跨境电商发展的政策措施。这些政策包括降低关税壁垒、优化通关流程、加强跨境电商基础设施建设等，为跨境电商企业提供了更加便捷、高效的贸易环境。同时，随着国际贸易规则的不断完善和贸易便利化的深入推进，跨境电商企业在享受政策红利的同时，也将面临更加公平、透明的市场竞争环境。这将进一步激发企业的创新活力，推动跨境电商市场的繁荣发展。

（四）技术创新与数字化转型的加速

技术创新是跨境电商市场持续增长的重要驱动力。随着人工智能、大数据、区块链等技术的广泛应用，跨境电商企业在供应链管理、营销推广、客户服务等方面实现了数字化转型。这种转型不仅提高了企业的运营效率和市场响应速度，还为企业带来了更多的商业模式创新和服务创新。例如，通过人工智能技术进行商品推荐和精准营销；利用大数据技术进行消费者行为分析和市场预测；通过区块链技术提高供应链透明度和降低信任成本等。这些技术创新的应用，将进一步拓宽跨境电商市场的增长空间，为企业带来更加广阔的发展前景。

综上所述，跨境电商市场面临着全球化市场的无界拓展、消费升级与个性化需求的兴起、政策支持与贸易便利化的推进以及技术创新与数字化转型的加速等多重增长机遇。企业应积极把握这些机遇，加强自身能力建设，不断创新产品和服务模式，以在激烈的市场竞争中脱颖而出，实现跨越式发展。

二、技术创新带来的新机遇

在跨境电商领域，技术创新不仅是推动行业变革的核心动力，更是为企业开辟全新增长路径的关键所在。随着科技的不断进步，跨境电商市场正迎来前所未有的发展机遇。下面将从四个方面深入分析技术创新为跨境电商带来的新机遇。

（一）智能化供应链管理的优化

技术创新使得供应链管理更加智能化、高效化。通过运用物联网、大数据、人工智能等先进技术，跨境电商企业能够实现供应链的透明化、可视化管理，精准预测市场需求，优化库存配置，减少物流成本，提高整体运营效率。智能化供应链管理不仅降低了企业的经营风险，还提升了供应链的灵活性和响应速度，使企业能够更快速地适应市场变化，满足消费者的多元化需求。

（二）个性化营销与精准推荐

技术创新为跨境电商提供了更加精准、高效的营销手段。利用大数据分析和人工智能技术，企业可以深入挖掘消费者行为数据，了解消费者的购物习惯、偏好及潜在需求，从而制定个性化的营销策略和精准的商品推荐。这种基于数据驱动的营销方式，不仅提高了营销活动的针对性和有效性，还增强了消费者的购物体验和忠诚度。同时，跨境电商企业还可以利用社交媒体、短视频等新兴渠道，进行内容营销和社交电商的尝试，进一步拓宽营销渠道，提升品牌影响力。

（三）跨境支付与金融服务的创新

技术创新推动了跨境支付与金融服务的创新发展。随着区块链、云计算等技术的应用，跨境支付变得更加便捷、安全、低成本。跨境电商企业可以与第三方支付机构合作，提供多币种、多渠道的支付解决方案，满足全球消费者的支付需求。此外，技术创新还催生了跨境电商金融服务的新模式，如供应链金融、跨境保险等，为企业提供了更加全面、专业的金融服务支持。这些金融服务的创新，不仅解决了跨境电商企业在资金流转、风险管理等方面的难题，还促进了企业的快速成长和规模扩张。

(四)智能化客户服务的提升

技术创新还推动了跨境电商客户服务的智能化升级。通过运用人工智能、自然语言处理等技术,企业可以构建智能化的客服系统,实现 24 小时不间断的客户服务。智能客服系统能够自动识别消费者的问题和需求,提供准确的解答和个性化的建议,大大提高了客户服务的效率和满意度。同时,智能化客服系统还可以收集和分析消费者反馈数据,为企业优化产品和服务提供有力支持。这种以客户为中心的服务理念和技术手段的结合,将进一步提升跨境电商企业的市场竞争力。

综上所述,技术创新为跨境电商带来了供应链管理优化、个性化营销与精准推荐、跨境支付与金融服务创新以及智能化客户服务提升等多方面的新机遇。企业应积极拥抱技术创新,加强技术研发和应用能力,以技术创新为驱动,推动企业的转型升级和可持续发展。

三、市场竞争加剧的风险与挑战

跨境电商市场的蓬勃发展吸引了越来越多的企业涌入,这一趋势在带来经济增长机遇的同时,也加剧了市场竞争的激烈程度。面对日益激烈的市场竞争,跨境电商企业需清醒认识并有效应对随之而来的风险与挑战。下面将从四个方面进行深入分析。

(一)同质化竞争与价格战陷阱

随着跨境电商市场的不断成熟,产品同质化现象日益严重。许多企业为了争夺市场份额,不惜采取价格战策略,导致利润空间被大幅压缩,甚至陷入亏损境地。这种同质化竞争与价格战陷阱不仅损害了企业的盈利能力,还破坏了市场秩序,不利于行业的长远发展。因此,跨境电商企业需注重产品差异化创新,提升产品质量和服务水平,以差异化竞争优势抵御价格战的冲击。

（二）国际贸易壁垒与政策风险

跨境电商作为国际贸易的新形式，面临着更为复杂的国际贸易环境和政策风险。各国为保护本国产业和市场，可能会采取提高关税、设置技术壁垒、加强反垄断审查等措施，对跨境电商企业造成不利影响。此外，国际贸易政策的频繁变动也给跨境电商企业带来了不确定性，增加了企业的经营风险。因此，跨境电商企业需密切关注国际贸易动态和政策走向，加强政策研究和风险评估，制定相应的应对策略，以减轻政策变动对企业的影响。

（三）跨境电商物流的复杂性与挑战

跨境电商物流是连接消费者与商品的关键环节，但其复杂性和挑战也不容忽视。跨境电商物流涉及跨国运输、清关、配送等多个环节，面临着时效长、成本高、风险大等问题。同时，不同国家和地区的物流基础设施、法律法规、文化习惯等差异也给跨境电商物流带来了诸多挑战。为了应对这些挑战，跨境电商企业需加强物流体系建设，优化物流网络布局，提高物流效率和服务质量。此外，企业还需加强与国际物流企业的合作，共同探索解决跨境电商物流难题的有效途径。

（四）消费者信任与售后服务难题

跨境电商市场中，消费者信任与售后服务问题一直是制约行业发展的瓶颈之一。由于跨境电商涉及跨国交易，消费者在购买过程中可能面临语言障碍、文化差异、退换货难等问题，导致信任度降低。同时，跨境售后服务体系的不完善也增加了消费者的购物风险。为了提升消费者信任度和满意度，跨境电商企业需加强品牌建设，提高产品质量和服务水平；建立完善的售后服务体系，提供便捷的退换货服务；加强消费者教育和引导，提高消费者的购物意识和风险意识。此外，企业还需积极利用社交媒体、评价系统等渠道收集消费者反馈意见，不断优化产品和服务，以赢得消费者的信任和支持。

为了应对这些挑战并实现可持续发展，企业需加强产品差异化创新、关注国际贸易政策动态、优化跨境电商物流体系以及提升消费者信任度和售后服务水平等方面的工作。只有不断提升自身竞争力和适应能力，跨境电商企业才能在激烈的市场竞争中脱颖而出并实现长远发展。

四、供应链管理的复杂性与挑战

在跨境电商的广阔舞台上，供应链管理不仅是企业运营的核心环节，更是面对复杂市场环境时不可忽视的关键挑战。随着跨境电商的深入发展，供应链管理的复杂性与挑战日益凸显，对企业提出了更高的要求。下面将从四个方面深入分析这一议题。

（一）跨国协调与沟通的复杂性

跨境电商的供应链跨越多个国家和地区，涉及不同的语言、文化、法律和商业习惯，这使得跨国协调与沟通变得尤为复杂。企业需要与海外供应商、分销商、物流服务商等多个环节进行紧密合作，确保信息的准确传递和决策的及时执行。然而，由于时差、语言障碍和文化差异等因素，这一过程往往伴随着误解和延误的风险。因此，建立高效的跨国沟通机制和协作平台，提高供应链的透明度和灵活性，成为跨境电商企业面临的重要挑战。

（二）供应链风险的多样化与不确定性

跨境电商供应链面临着多样化的风险，包括政治风险、经济风险、自然灾害风险、汇率风险等。这些风险不仅可能来自供应端，如供应商破产、原材料短缺等，也可能来自需求端，如市场需求突变、消费者偏好变化等。此外，跨境电商供应链还受到国际贸易政策、法律法规变化等外部因素的影响，增加了供应链的不确定性。为了应对这些风险，企业需要建立完善的风险评估和管理体系，加强供应链的韧性建设，提高应对突发事件的能力。

（三）库存管理与成本控制的挑战

跨境电商的库存管理需要平衡多种因素，包括市场需求预测、库存成本、物流时间等。由于市场需求的不确定性和跨国物流的复杂性，企业往往难以准确预测未来的销售情况，导致库存积压或短缺的问题频发。同时，跨国物流成本高昂，增加了企业的运营成本。为了应对这些挑战，企业需要运用先进的库存管理系统和预测模型，提高库存周转率和资金利用率；同时，优化物流网络布局，降低物流成本，提高整体运营效率。

（四）质量与合规性的严格要求

跨境电商市场对产品质量和合规性有着更高的要求。消费者越来越注重产品的品质和安全性，对跨境电商企业提出了更高的标准和期望。同时，各国对进口商品的质量和安全监管也日益严格，企业需要遵守多个国家和地区的法律法规和标准要求。为了满足这些要求，企业需要建立严格的质量控制体系，确保产品质量符合标准；同时，加强合规性管理，确保供应链各环节符合相关法规要求。此外，企业还需加强与监管机构的沟通和合作，及时了解政策动态和监管要求，为供应链的稳定运行提供有力保障。

综上所述，跨境电商供应链管理的复杂性与挑战不容忽视。企业需要积极应对跨国协调与沟通的复杂性、供应链风险的多样化与不确定性、库存管理与成本控制的挑战以及质量与合规性的严格要求。通过加强供应链管理的创新与实践，提高供应链的透明度和灵活性，增强供应链的韧性和抗风险能力，以应对日益复杂的市场环境和激烈的竞争挑战。

第四节 新兴市场与蓝海战略

一、新兴市场的潜力与机遇

在探讨跨境电商市场环境与机遇时，新兴市场的潜力与机遇无疑是不可忽视的重要方面。随着全球经济一体化的加速推进和互联网技术的飞速发展，新兴市场正逐步成为全球经济增长的新引擎，为跨境电商提供了广阔的发展空间。下面将从市场规模、消费潜力、政策支持及技术创新四个方面详细分析新兴市场的潜力与机遇。

（一）市场规模的快速增长

新兴市场，如东南亚、南亚、非洲、拉丁美洲等地区，拥有庞大的人口基数和快速增长的经济体量，这为其跨境电商市场的快速发展奠定了坚实基础。以东南亚为例，该地区拥有超过6亿人口，且中产阶级群体不断扩大，对进口商品的需求日益增长。据预测，未来几年内，东南亚电商市场规模将保持高速增长，为跨境电商企业提供了巨大的市场机遇。此外，非洲市场虽然起步较晚，但凭借其丰富的自然资源和快速发展的经济，正逐步成为跨境电商的新蓝海。

（二）消费潜力的巨大释放

新兴市场的消费者群体年轻、活力四射，对新鲜事物充满好奇，消费观念更加开放和多元。他们不仅追求性价比高的商品，还注重个性化、品牌化及环保等消费理念。这一消费趋势的变化，为跨境电商企业提供了丰富的市场细分机会。通过精准定位目标消费群体，跨境电商企业可以推出符合当地消费者需求的商品，满足其多样化的消费需求。同时，新兴市场的消费者对海外优质商品的需求旺盛，为跨境电商企业提供了广阔的市场空间。

(三)政策支持的持续加强

为了促进本国经济的增长和跨境电商的发展,新兴市场国家纷纷出台了一系列支持政策。这些政策涵盖了税收优惠、物流补贴、跨境电商园区建设等多个方面,为跨境电商企业提供了良好的营商环境。例如,一些新兴市场国家通过简化海关手续、降低关税税率等措施,降低了跨境电商企业的运营成本;同时,通过建设跨境电商综合试验区、加强跨境电商人才培养等举措,提升了跨境电商企业的服务水平和竞争力。这些政策支持的持续加强,为跨境电商企业在新兴市场的拓展提供了有力保障。

(四)技术创新的不断驱动

技术创新是跨境电商持续发展的重要动力。在新兴市场,随着移动互联网的普及和大数据、人工智能等技术的广泛应用,跨境电商企业的运营效率和服务水平得到了显著提升。通过运用先进的技术手段,跨境电商企业可以更加精准地了解消费者需求、优化供应链管理、提高物流配送效率等。同时,技术创新还推动了跨境电商模式的创新和发展,如社交电商、直播电商等新兴业态的兴起,为跨境电商企业提供了更多的市场机会。此外,随着数字货币、区块链等技术的逐步成熟和应用,跨境电商的支付结算体系将更加安全、便捷和高效,为跨境电商在新兴市场的拓展提供了有力支持。

综上所述,新兴市场的潜力与机遇主要体现在市场规模的快速增长、消费潜力的巨大释放、政策支持的持续加强以及技术创新的不断驱动等方面。面对这些机遇和挑战,跨境电商企业需要积极调整战略、优化资源配置、加强技术创新和品牌建设等方面的工作,以更好地把握新兴市场的发展机遇,实现自身的可持续发展。

二、蓝海战略的定义与实施

在跨境电商市场环境与机遇的探讨中，蓝海战略作为一种创新的战略思维，为企业在新兴市场中寻求差异化竞争优势提供了重要指导。蓝海战略强调通过开创全新的市场空间，实现企业与客户的双赢，从而在激烈的市场竞争中脱颖而出。下面将从蓝海战略的定义、核心要素、实施步骤及挑战与应对四个方面进行深入分析。

（一）蓝海战略的定义

蓝海战略是由 W. 钱·金和勒妮·莫博涅在《蓝海战略》一书中首次提出的，它指的是企业不局限于现有产业边界，通过提供创新产品和服务，开辟并占领新的市场空间，从而实现企业的快速增长和盈利。与红海战略（在已知市场内与竞争对手展开激烈竞争）不同，蓝海战略注重通过价值创新来创造新的市场空间，使企业摆脱竞争束缚，进入一片无人争抢的蓝海领域。

（二）蓝海战略的核心要素

蓝海战略的核心要素主要包括三个方面：一是价值创新，即通过创造新的价值主张来满足客户的潜在需求，实现企业与客户的双赢；二是市场细分与重新定位，即通过对市场的深入洞察和细分，发现未被充分满足的客户需求，并据此重新定位企业的产品和服务；三是业务模式的重构，即通过改变现有的业务模式和运营流程，提高效率和降低成本，从而为客户提供更具竞争力的产品和服务。

（三）蓝海战略的实施步骤

蓝海战略的实施需要企业遵循一系列步骤。首先，企业需要进行市场洞察，深入了解新兴市场的需求和潜力，以及竞争对手的优劣势；其次，企业需要通过价值创新来开发新的产品或服务，以满足客户的潜在需求；再次，企业需要重新定位自身的市场位置，明确目标客户群体和差异化竞争优势；又次，企业需要重构业务模式，优化运营流程，提高效率和降低成本；最后，企业需要制订详细的实施计划，包括市场推广、渠道建设、供应链管理等方面的工作，以确保蓝海战略的顺利实施。

（四）蓝海战略的挑战与应对

在实施蓝海战略的过程中，企业将面临一系列挑战。首先，新兴市场的不确定性较高，政策环境、市场需求、竞争格局等因素都可能发生变化，企业需要保持高度的市场敏感性和灵活性；其次，价值创新需要企业具备强大的创新能力和敏锐的市场洞察力，这对企业的研发能力和市场研究能力提出了较高要求；最后，蓝海战略的实施需要企业投入大量的资源和精力，包括资金、人力、时间等，这对企业的综合实力和管理水平提出了严峻考验。

为了应对这些挑战，企业需要采取一系列措施。首先，加强市场研究和预测能力，及时了解和掌握新兴市场的动态变化；其次，加大研发投入和人才培养力度，提升企业的创新能力和市场竞争力；最后，加强内部管理和协作能力，优化资源配置和流程管理，确保蓝海战略的顺利实施和持续优化。

总之，蓝海战略为企业在新兴市场中寻求差异化竞争优势提供了重要指导。通过深入理解蓝海战略的定义、核心要素、实施步骤及挑战与应对等方面内容，企业可以更加清晰地把握蓝海战略的内涵和要点，从而在新兴市场中实现快速增长和盈利。

三、针对新兴市场的产品与服务创新

在跨境电商领域，针对新兴市场的产品与服务创新是企业实现差异化竞争、开拓蓝海市场的关键所在。新兴市场因其独特的文化背景、消费习惯及经济水平，对产品与服务的需求往往呈现出多样化和个性化的特点。因此，深入理解新兴市场特性，精准把握消费者需求，成为跨境电商企业实施产品与服务创新的重要前提。下面将从市场需求洞察、产品创新策略、服务优化路径及持续创新机制四个方面进行详细阐述。

（一）市场需求洞察：精准定位，深度挖掘

针对新兴市场的产品与服务创新，首要任务是进行深入的市场需求洞察。这要求跨境电商企业不仅要关注市场表面的消费趋势，更要深入挖掘消费者背后的真实需求、潜在需求及未满足的需求。通过大数据分析、市场调研、消费者访谈等多种手段，企业可以构建出新兴市场的消费者画像，包括其年龄、性别、收入水平、消费偏好、购买习惯等关键信息。基于这些信息，企业可以精准定位目标市场，为后续的产品创新和服务优化提供有力支撑。

（二）产品创新策略：差异化设计，本土化改造

在市场需求洞察的基础上，跨境电商企业应制定差异化的产品创新策略。一方面，针对新兴市场的特殊需求，企业可以设计开发出具有独特功能、新颖外观或高性价比的产品，以吸引消费者的眼球并满足其实际需求。另一方面，考虑到新兴市场的文化差异和消费习惯，企业还需对产品进行本土化改造，使其更符合当地消费者的审美和使用习惯。例如，调整产品尺寸、颜色、材质等细节，或加入具有当地文化特色的元素，以增强产品的亲和力和市场适应性。

（三）服务优化路径：提升体验，强化支持

除了产品创新外，服务优化也是跨境电商企业在新兴市场赢得消费者信任和提升竞争力的关键。为了提升消费者体验，企业可以优化购物流程、提高物流配送效率、加强售后服务支持等方面的工作。例如，提供多语言客服支持、简化支付流程、引入智能推荐系统等措施，可以降低消费者的购物门槛和决策成本。同时，企业还应建立完善的

售后服务体系，及时解决消费者在使用过程中遇到的问题和困扰，增强消费者的忠诚度和满意度。

（四）持续创新机制：建立体系，激发活力

针对新兴市场的产品与服务创新并非一蹴而就的过程，而是需要企业建立持续的创新机制来保障。这要求企业构建开放包容的创新文化，鼓励员工提出新想法、新建议；同时，建立跨部门协作的创新团队，整合企业内部资源和外部合作伙伴的力量，共同推动创新项目的实施。此外，企业还应建立完善的创新激励机制和评估体系，对创新成果进行及时表彰和奖励，以激发员工的创新活力和创造力。通过持续的产品与服务创新，跨境电商企业可以不断适应新兴市场的变化和挑战，保持竞争优势并实现可持续发展。

四、蓝海战略的案例分析与启示

在探讨蓝海战略与跨境电商市场环境的交汇点时，尽管直接引用具体案例可能受限，但我们可以从理论层面深入剖析蓝海战略的成功要素、实施路径及其对新兴市场跨境电商的广泛启示。下面将从战略视野的拓展、价值创新的实现、市场边界的重建以及持续创新的动力四个方面进行分析。

（一）战略视野的拓展：超越竞争，预见未来

蓝海战略的核心在于其超越传统竞争思维的战略视野。在跨境电商领域，这意味着企业不应仅仅局限于现有市场的争夺，而应积极预见并把握未来市场的趋势和机遇。企业需要培养敏锐的市场洞察力，关注新兴市场的发展动态，以及消费者需求的变化趋势。通过拓宽战略视野，企业能够发现那些尚未被充分挖掘的市场空间，从而提前布局，抢占先机。

(二）价值创新的实现：满足需求，创造惊喜

蓝海战略强调通过价值创新来开辟新的市场空间。在跨境电商领域，价值创新不仅体现在产品本身，更在于如何通过服务、体验等全方位满足消费者的需求，甚至创造超出其期望的惊喜。企业应当深入分析新兴市场的消费者需求，识别其痛点与痒点，进而通过技术创新、设计创新等手段，开发出具有差异化竞争优势的产品和服务。同时，企业还需关注消费者的情感需求和心理体验，通过打造独特的品牌形象和企业文化，增强消费者的归属感和忠诚度。

(三）市场边界的重建：跨界融合，开创蓝海

蓝海战略的另一个重要方面是重建市场边界。在跨境电商领域，这通常意味着通过跨界融合来打破传统的行业界限和市场格局。企业可以积极探索与其他行业的合作机会，共同开发新的市场领域和商业模式。例如，跨境电商可以与物流业、金融业、制造业等深度融合，通过整合资源、优化流程，提升整个供应链的效率和竞争力。此外，企业还可以关注新兴技术的发展趋势，如人工智能、大数据、区块链等，通过技术创新来拓展市场边界，开创全新的蓝海领域。

(四）持续创新的动力：激发潜能，引领潮流

蓝海战略的成功离不开持续创新的动力。在跨境电商领域，企业需要建立完善的创新机制和文化氛围，激发员工的创新潜能和创造力。企业应当鼓励员工提出新想法、新建议，并为其提供足够的资源和支持来实现这些想法。同时，企业还需关注市场动态和消费者反馈，及时调整创新方向和优化创新策略。通过持续创新，企业能够不断保持竞争优势和领先地位，引领行业潮流并开创更加广阔的市场空间。

综上所述，蓝海战略为跨境电商企业在新兴市场中寻求差异化竞争优势提供了重要的战略指引。通过拓展战略视野、实现价值创新、重建市场边界以及激发持续创新的动力，企业可以成功开辟新的市场

空间并实现可持续发展。尽管直接引用具体案例受限,但上述分析仍然能够为我们深入理解蓝海战略及其在跨境电商领域的应用提供有益的启示。

第五节　跨境电商的可持续发展路径

一、绿色与环保的跨境电商理念

在跨境电商市场环境与机遇的广阔背景下,绿色与环保的跨境电商理念日益成为行业发展的重要趋势。这一理念不仅体现了企业对环境保护的社会责任,也是实现跨境电商可持续发展的关键路径。下面将从绿色消费趋势的兴起、绿色供应链的构建、环保技术的创新应用以及政策与法规的引导四个方面,深入阐述绿色与环保跨境电商理念的核心内容。

(一)绿色消费趋势的兴起

随着全球消费者环保意识的增强,绿色消费已成为一种不可逆转的趋势。在跨境电商领域,消费者越来越倾向于选择那些具有环保标志、低碳生产、可循环利用等特性的产品。这种消费偏好的变化,促使跨境电商企业不得不重新审视其商业模式和产品策略,将绿色与环保理念融入其中。企业需通过市场调研,了解消费者对绿色产品的真实需求,进而调整产品结构,增加绿色产品的比重,以满足市场的绿色消费需求。

(二)绿色供应链的构建

绿色供应链的构建是实现绿色与环保跨境电商理念的重要基础。跨境电商企业应致力于从原材料采购、生产制造、物流运输到最终消费的全链条绿色化：在原材料采购环节，企业应优先选择可再生、可降解或低环境影响的材料；在生产制造环节，通过采用清洁生产技术、提高资源利用效率、减少废弃物排放等措施，实现生产过程的绿色化；在物流运输环节，推广使用绿色包装材料、优化配送路线、减少运输过程中的碳排放等，以降低物流环节对环境的影响。通过构建绿色供应链，跨境电商企业能够确保产品从源头到终端的全程绿色化，提升企业的环保形象和市场竞争力。

（三）环保技术的创新应用

环保技术的创新应用是推动绿色与环保跨境电商理念深入发展的关键因素。跨境电商企业应积极引进和研发先进的环保技术，如大数据分析、人工智能、物联网等，以优化供应链管理、提高资源利用效率、降低能耗和排放。例如，利用大数据分析预测市场需求，实现精准生产和库存管理，减少库存积压和浪费；通过人工智能优化物流配送路线，提高运输效率并降低碳排放；运用物联网技术实现产品全生命周期的追踪和管理，确保产品的环保性能和质量安全。环保技术的创新应用不仅有助于提升企业的运营效率和市场竞争力，还能够为环境保护事业贡献一份力量。

（四）政策与法规的引导

政策与法规的引导是实现绿色与环保跨境电商理念的重要保障。各国政府和国际组织纷纷出台了一系列环保政策和法规，以推动跨境电商行业的绿色化发展。这些政策和法规涵盖了产品环保标准、绿色供应链管理、碳排放交易等多个方面，为跨境电商企业提供了明确的指导和规范。跨境电商企业应密切关注政策动态，积极适应政策要求，将绿色与环保理念融入企业发展战略中。同时，企业还应加强与政府和相关机构的沟通与合作，共同推动跨境电商行业的绿色化发展进程。通过政策与法规的引导和支持，跨境电商企业能够更好地履行环保责任，实现经济效益与社会效益的双赢。

二、社会责任与公益事业的融入

在探讨跨境电商的可持续发展路径时，社会责任与公益事业的融入成为不可忽视的重要方面。这一理念的实践，不仅体现了跨境电商企业对社会福祉的关怀与贡献，也是其实现长期稳健发展的重要基石。下面将从四个维度深入剖析社会责任与公益事业如何融入跨境电商的可持续发展战略之中。

（一）绿色运营，环保先行

跨境电商企业在追求经济效益的同时，应积极承担环境保护的社会责任。这要求企业在运营过程中，从产品设计、生产、包装、物流到最终废弃处理的全链条，均贯彻绿色环保的理念。例如，推广使用可降解或可回收的包装材料、优化物流路线以减少碳排放，以及建立废弃产品回收机制等。通过绿色运营，跨境电商企业不仅能够降低对环境的影响，还能提升品牌形象，吸引更多注重可持续发展的消费者。

（二）公平贸易，促进共赢

跨境电商作为连接全球市场的桥梁，应致力于推动公平贸易的发展。这意味着企业需尊重并保障供应链上下游合作伙伴的权益，包括供应商、生产商、分销商及终端消费者等。通过建立公正合理的交易机制，确保各方在合作过程中获得应有的利益，避免信息不对称和权力不对等导致的利益失衡。同时，跨境电商企业还应积极关注并改善弱势群体的生活状况，通过公益项目或社会责任投资等方式，为他们提供必要的支持和帮助。

（三）文化传承，增进理解

跨境电商的全球化特性，为不同国家和地区之间的文化交流提供了便利。企业应将文化传承视为己任，通过推广具有地方特色的产品和文化元素，增进全球消费者对多元文化的理解和尊重。同时，跨境电商平台还可以成为展示和传播非物质文化遗产的窗口，为传统手工艺人和小微企业提供展示和销售产品的机会，促进文化的传承与发展。在这一过程中，企业不仅能够丰富自身的产品线和文化内涵，还能为社会文化的繁荣贡献一份力量。

（四）教育支持，培养未来

教育是推动社会进步和可持续发展的关键。跨境电商企业应关注教育领域的公益事业，通过设立奖学金、资助教育项目、开展职业技能培训等方式，为青少年和贫困地区的学子提供接受良好教育的机会。这不仅有助于提升国民素质和社会整体竞争力，还能为企业自身培养未来的消费者和合作伙伴。通过教育支持，跨境电商企业能够实现社会责任与商业利益的双赢。

综上所述，社会责任与公益事业的融入是跨境电商实现可持续发展的重要途径。通过绿色运营、公平贸易、文化传承和教育支持等多方面的努力，跨境电商企业不仅能够为社会创造更多的价值，还能在激烈的市场竞争中赢得消费者的信任和支持，实现长期稳健的发展。

三、长期规划与品牌建设的重要性

在跨境电商的浩瀚蓝海中，长期规划与品牌建设不仅是企业稳健航行的指南针，更是其实现可持续发展的核心驱动力。下面将从四个维度深入剖析这两者的关键性及其对跨境电商企业长远发展的深远影响。

（一）明确方向，引领未来

长期规划是跨境电商企业发展的蓝图，它为企业指明了前进的方向，确保其在复杂多变的市场环境中保持定力，不偏离既定轨道。一个清晰、可行的长期规划，应基于对当前市场环境的深入洞察，以及对未来趋势的准确预判。它要求企业不仅关注短期业绩的增长,更要着眼于长远的战略目标,如市场份额的扩张、品牌影响力的提升、技术创新的突破等。通过长期规划,跨境电商企业能够系统性地布局未来,合理配置资源,优化发展路径,从而在激烈的市场竞争中脱颖而出。

(二)强化内核,塑造品牌

品牌建设是跨境电商企业提升竞争力的关键所在。一个强大的品牌,不仅代表着产品的质量和信誉,更承载着企业的文化和价值观。在跨境电商领域,品牌建设尤为重要,因为它需要跨越国界,赢得全球消费者的认可和信赖。品牌建设是一个长期而系统的过程,它要求企业在产品设计、营销推广、客户服务等各个环节都保持高标准、严要求,不断提升品牌形象和口碑。通过持续的品牌建设,跨境电商企业能够建立起独特的品牌识别度和忠诚度,从而在众多竞争对手中脱颖而出,实现差异化竞争。

(三)创新驱动,持续迭代

长期规划与品牌建设相辅相成,共同推动企业不断创新与发展。在跨境电商领域,技术创新、模式创新、服务创新等是推动企业持续迭代的重要动力。长期规划为企业创新提供了明确的方向和目标,而品牌建设则为企业创新提供了强大的支撑和保障。通过不断创新,跨境电商企业能够不断优化产品、提升效率、降低成本、增强用户体验,从而在市场竞争中保持领先地位。同时,创新也是品牌建设的重要内容之一,通过创新不断丰富品牌内涵,提升品牌价值,使品牌更加深入人心。

(四)应对挑战,稳健前行

跨境电商在快速发展的同时,也面临着诸多挑战,如国际贸易环境的不确定性、市场竞争加剧、消费者需求多样化等。面对这些挑战,长期规划与品牌建设成为企业稳健前行的坚实后盾。长期规划使企业能够提前预判风险，制定应对策略，确保在复杂多变的市场环境中保持冷静和理性。而品牌建设则使企业能够建立起强大的品牌壁垒，抵御来自竞争对手的冲击，保护市场份额和利润空间。通过长期规划与品牌建设的双重保障，跨境电商企业能够在挑战中稳健前行，不断实现新的突破和发展。

四、跨境电商企业的社会责任实践

在跨境电商领域，企业的社会责任实践不仅是其道德义务的体现，更是构建可持续商业生态、推动行业健康发展的基石。下面将从四个维度深入探讨跨境电商企业如何践行社会责任，促进自身与社会的和谐共生。

（一）促进经济包容性增长

跨境电商企业作为连接全球市场的桥梁，应致力于促进经济包容性增长。这意味着企业在追求自身发展的同时，要积极关注并助力欠发达地区和弱势群体的经济发展。通过提供公平的贸易机会、降低市场准入门槛、推广电子商务技能培训等措施，跨境电商企业可以帮助这些地区和群体融入全球经济体系，分享全球化带来的红利。这不仅有助于缩小贫富差距，还能激发市场活力，促进全球经济的均衡发展。

（二）推动环境保护与可持续发展

环境保护与可持续发展是跨境电商企业不可推卸的社会责任。在全球化背景下，跨境电商活动对环境的影响日益凸显。因此，企业应采取有效措施减少碳足迹、节约资源、降低废弃物排放。例如，推广绿色包装、优化物流网络、开展循环经济项目等。同时，跨境电商企业还应积极参与全球环保行动，倡导绿色消费理念，引导消费者选择环保产品，共同推动全球环境保护事业的发展。

(三)保障消费者权益与数据安全

跨境电商企业直接面向全球消费者,其产品和服务的质量直接关系到消费者的切身利益。因此,企业应将消费者权益放在首位,确保产品安全、质量可靠、信息真实。同时,随着跨境电商交易的日益频繁,数据安全问题也日益凸显。跨境电商企业应建立健全的数据保护机制,加强数据加密、访问控制、风险评估等措施,确保消费者个人信息和交易数据的安全。此外,企业还应积极回应消费者投诉和建议,不断提升服务质量和消费者满意度。

(四)促进文化交流与理解

跨境电商不仅是商品和服务的交易平台,更是文化交流与理解的桥梁。跨境电商企业应充分利用自身平台优势,推动不同国家和地区之间的文化交流与合作。通过展示和传播各国文化特色、举办文化交流活动、促进语言学习等方式,跨境电商企业可以增进全球消费者对多元文化的了解和尊重。这不仅有助于打破文化隔阂和偏见,还能促进全球文化的繁荣与发展。同时,文化交流也是品牌建设的重要内容之一,通过融入文化元素可以提升品牌的独特性和吸引力。

综上所述,跨境电商企业的社会责任实践是构建可持续商业生态、推动行业健康发展的关键所在。通过促进经济包容性增长、推动环境保护与可持续发展、保障消费者权益与数据安全以及促进文化交流与理解等方面的努力,跨境电商企业可以不断提升自身社会形象和品牌价值,实现经济效益与社会效益的双赢。

第三章 跨境电商平台与生态系统

第一节 主流跨境电商平台介绍

一、全球领先跨境电商平台概览

在全球化日益加深的今天，跨境电商平台已成为连接全球商家与消费者的关键桥梁。跨境电商平台不仅推动了国际贸易的便利化，还促进了全球经济的一体化进程。本节将从平台规模与影响力、商品种类与供应链、技术创新与服务升级，以及市场趋势与未来发展四个方面，对全球领先的跨境电商平台进行深度剖析。

（一）平台规模与影响力

全球跨境电商平台的规模与影响力是衡量其市场地位的重要指标。亚马逊（Amazon）无疑是这一领域的佼佼者，其业务遍布北美、欧洲、亚洲等多个国家和地区，为全球消费者提供了从日常家居到尖端科技产品的全方位商品选择。亚马逊不仅拥有庞大的用户基础，还通过其完善的物流体系和强大的品牌影响力，吸引了大量卖家入驻。此外，eBay作为全球知名的电商及拍卖网站，同样在北美和欧洲市场占据重要地位，其多样化的产品和灵活的拍卖机制，为卖家提供了多样化的销售模式选择。

除了上述全球性平台，一些区域性平台也在各自市场内展现出强大的影响力。例如，在东南亚市场，Shopee 和 Lazada 凭借用户友好的移动购物体验和强大的社区互动功能，迅速崛起成为该地区的主要电商平台。而在俄罗斯，OZON 以其用户友好的界面、丰富的产品种类及深入的本土化市场运营，赢得了广泛的消费者基础。

（二）商品种类与供应链

商品种类与供应链的完善程度直接关系到跨境电商平台的竞争力。亚马逊以其广泛的商品种类和完善的供应链体系著称，几乎涵盖了消费者可能需要的所有商品类别。阿里巴巴国际站则依托中国强大的制造业基础，为中小企业提供了进入国际市场的机会，特别是在亚洲和非洲等新兴市场。

Shein 通过其高效的供应链管理和灵敏的市场洞察，迅速成为全球快时尚界的领军品牌。其产品不仅涵盖了多元化的服装选择，还拓展至美妆及生活用品领域，满足了全球消费者的多样化需求。而 Temu 则凭借其聚合的优质货源和中端市场定位，在家居、时尚、电子数码等领域取得了显著成绩。

（三）技术创新与服务升级

技术创新与服务升级是跨境电商平台持续发展的关键。亚马逊在技术创新方面一直走在前列，其通过智能推荐系统、大数据分析等技术手段，为消费者提供了更加个性化的购物体验。同时，亚马逊还不断优化其物流服务，通过遍布全球的物流网络和先进的仓储技术，实现了快速准确的商品配送。

TikTok Shop 则利用短视频和直播销售的创新模式，为消费者提供了全新的购物体验。通过互动性极强的社交场景，卖家能够更生动地展示商品特点，从而吸引更多消费者关注和购买。此外，TikTok Shop 还不断推出新的营销工具和活动，帮助卖家提升销售业绩。

（四）市场趋势与未来发展

随着全球经济的不断发展和消费者需求的日益多样化，跨境电商平台面临着新的市场趋势和发展机遇。一方面，新兴市场如亚洲、非洲等地的消费者数量不断增加，为跨境电商平台提供了巨大的市场潜力。另一方面，随着移动互联网的普及和社交媒体的兴起，移动购物和社交购物成为新的消费趋势。

未来，跨境电商平台将继续加强技术创新和服务升级，提升用户体验和满意度。同时，平台还将积极拓展新兴市场，加强与当地企业和商家的合作，共同推动跨境电商行业的健康发展。此外，随着全球贸易环境的不断变化和政策法规的逐步完善，跨境电商平台还将更加注重合规经营和风险管理，确保业务的可持续发展。

综上所述，全球领先的跨境电商平台在规模与影响力、商品种类与供应链、技术创新与服务升级以及市场趋势与未来发展等方面均展现出强大的竞争力和广阔的发展前景。这些平台不仅给消费者带来了更加便捷、高效、个性化的购物体验，还为全球商家提供了更加广阔的市场空间和商业机遇。

二、平台特色与优势分析

在跨境电商的广阔舞台上，各大主流平台以其独特的特色与显著的优势，成为推动全球贸易发展的重要力量。下面将从四个方面深入剖析这些平台的特色与优势，以揭示其在市场竞争中的核心竞争力。

（一）多元化的商品与服务生态

主流跨境电商平台首要的特色在于其构建了多元化的商品与服务生态。这些平台通过广泛的招商合作，汇聚了来自世界各地的优质商品，涵盖了从日常生活用品到高科技电子产品的全方位选择。以亚马逊为例，其商品种类之丰富、品牌之多样，几乎能够满足全球消费者的所有需求。同时，平台还不断优化商品结构，引入新品，淘汰过时产品，确保商品库的活力和吸引力。此外，平台还提供包括物流、支付、客服在内的全方位服务，为商家和消费者打造了一站式的购物体验。这种多元化的商品与服务生态，是平台吸引用户、提升用户黏性的重要手段。

（二）先进的技术驱动与创新能力

技术驱动与创新能力是跨境电商平台持续发展的核心动力。主流平台纷纷投入巨资研发新技术，以提升用户体验、优化运营效率。例如，大数据分析技术被广泛应用于用户行为分析、精准营销等方面，帮助平台更好地了解用户需求，提供个性化的推荐和服务。同时，人工智能、机器学习等前沿技术的应用，也使得平台的智能化水平不断提升，从智能客服到自动化仓储管理，都展现了技术创新的魅力。此外，平台还不断探索新的业务模式和技术应用，如跨境电商直播、社交电商等，以满足消费者日益多样化的购物需求。这种持续的技术创新，为平台赢得了市场竞争的先机。

（三）全球化的市场布局与运营能力

跨境电商平台的另一大特色在于其全球化的市场布局与运营能力。这些平台不仅在国内市场占据领先地位，还积极拓展海外市场，建立起覆盖全球的营销网络和服务体系。通过深入了解不同市场的文化、消费习惯和法律法规，平台能够定制化地推出符合当地市场需求的商品和服务。同时，平台还利用自身的技术优势和资源整合能力，为商家提供跨境物流、支付、税务等全方位的支持，降低商家进入海外市场的门槛和风险。这种全球化的市场布局与运营能力，使得平台能够更好地把握全球贸易的机遇，实现业务的快速增长。

（四）强大的品牌影响力与用户忠诚度

主流跨境电商平台经过多年的发展，已经积累了强大的品牌影响力和用户忠诚度。这些平台凭借其卓越的产品质量、优质的服务体验和良好的口碑传播，赢得了全球消费者的信赖和支持。在消费者心中，这些平台已经成为高品质、高信誉的代名词。这种品牌影响力和用户忠诚度，不仅为平台带来了稳定的客户群体和持续的业绩增长，还为其在市场竞争中树立了坚固的壁垒。同时，平台还通过持续的品牌建设和用户关怀活动，不断提升用户体验和满意度，进一步巩固和扩大用户基础。这种良性循环的发展模式，为平台的长期可持续发展奠定了坚实的基础。

三、用户群体与市场需求匹配

在跨境电商的广阔领域中，精准匹配用户群体与市场需求是平台成功的关键。主流跨境电商平台通过深入洞察消费者行为、细分市场需求以及不断优化用户体验，实现了用户群体与市场需求的精准对接。下面将从四个方面详细分析这一过程。

（一）深度用户画像与个性化推荐

主流跨境电商平台利用大数据和人工智能技术，构建深度用户画像，深入了解用户的消费习惯、偏好、购买力等关键信息。基于这些用户画像，平台能够为用户提供个性化的商品推荐和服务，提高购物体验的针对性和满意度。例如，通过分析用户的浏览历史、购买记录和搜索行为，平台可以预测用户的潜在需求，并推送符合其兴趣的商品信息。这种个性化推荐不仅提升了用户的购物效率，也增强了用户对平台的依赖和忠诚度。

（二）精细化市场细分与差异化策略

面对多元化的市场需求，主流跨境电商平台采取精细化市场细分的策略，将庞大的市场划分为若干个子市场，并针对每个子市场的特点制定差异化的产品和服务策略。通过深入研究不同用户群体的消费习惯、文化背景、地域特征等因素，平台能够更准确地把握市场需求的变化趋势，为商家提供精准的市场定位和营销策略建议。这种差异化策略有助于平台在激烈的市场竞争中脱颖而出，吸引更多潜在用户。

（三）全球化视野与本地化运营

跨境电商平台在拓展全球市场的过程中，既需要具备全球化的视野，又需要实施本地化的运营策略。全球化视野要求平台关注全球贸易趋势、政策法规和市场竞争态势，以便及时调整战略方向和市场布局。而本地化运营则强调平台要深入了解并尊重不同市场的文化、消费习惯和法律法规，提供符合当地市场需求的产品和服务。主流跨境电商平台通过建立多语言客服团队、优化跨境物流体系、提供本地化支付方式等措施，实现了全球化与本地化的有机结合，有效满足了全球用户的多样化需求。

（四）持续优化用户体验与提升用户满意度

用户体验是跨境电商平台成功的关键因素之一。主流跨境电商平台致力于通过不断优化用户体验来提升用户满意度和忠诚度。这包括提升网站或APP的界面设计、简化购物流程、加强商品质量控制、完善售后服务体系等方面。同时，主流跨境电商平台还积极收集用户反馈和建议，及时调整和优化产品和服务策略，以满足用户不断变化的需求。通过持续优化用户体验，平台能够建立起与用户之间的良好互动关系，提升用户黏性和复购率，为平台的长期发展奠定坚实基础。

综上所述，主流跨境电商平台通过深度用户画像与个性化推荐、精细化市场细分与差异化策略、全球化视野与本地化运营以及持续优化用户体验与提升用户满意度等四个方面的努力，实现了用户群体与市场需求的精准匹配。这种精准匹配不仅提升了平台的竞争力和市场地位，也为全球消费者带来了更加便捷、高效、个性化的购物体验。

四、未来发展趋势与预测

（一）主流跨境电商平台介绍

在未来几年，跨境电商行业将继续保持蓬勃发展的态势，各大主流平台将在全球市场中发挥关键作用。首先，亚马逊作为全球最大的跨境电商平台之一，其业务覆盖了北美、欧洲、亚洲等多个主要市场。亚马逊凭借其广泛的商品种类、完善的物流体系以及强大的品牌知名度，吸引了大量卖家和消费者。该平台不仅为卖家提供了丰富的销售渠道，还通过其先进的仓储和配送系统，确保了商品能够快速、准确地送达消费者手中。此外，亚马逊还不断推出新的服务和功能，如 Prime 会员服务、Alexa 智能语音助手等，以进一步提升用户体验和忠诚度。

另一家值得关注的跨境电商平台是阿里巴巴国际站，它主要面向企业对企业（B2B）市场，为中小企业提供了进入国际市场的机会。阿里巴巴国际站凭借其强大的供应链和商家资源，在亚洲和非洲等新兴市场中占据重要地位。该平台通过提供便捷的在线交易服务、信用保障机制和金融解决方案，帮助中小企业降低了跨境贸易的门槛和风险。

eBay 作为全球知名的跨境电商平台，主要覆盖北美和欧洲市场。eBay 以其多样化的产品和拍卖机制而闻名，为卖家提供了多种销售模式的选择。该平台不仅吸引了大量个人卖家和小型企业，还通过其独特的竞价和拍卖机制，给消费者带来了更多元化的购物体验。

Wish 则是一家专注于移动端购物体验的跨境电商平台，以低价和简化的购物流程而受到年轻消费者的青睐。Wish 通过其独特的算法和个性化推荐系统，为消费者提供了符合其兴趣和需求的商品推荐。该平台主要覆盖北美和欧洲市场，并在全球范围内不断扩大其用户基础。

（二）跨境电商平台的生态系统

跨境电商平台的生态系统由多个组成部分构成，包括卖家、买家、物流服务商、支付机构、技术支持提供商等。这些组成部分相互依存、相互促进，共同构成了跨境电商行业的完整生态链。

卖家是跨境电商平台的重要参与者之一，他们通过平台将商品销往全球市场。为了吸引更多卖家入驻，跨境电商平台通常会提供一系列支持措施，如店铺装修、营销推广、数据分析等。同时，平台还会制定严格的规则和政策，以确保商品质量和交易安全。

买家则是跨境电商平台的最终用户，他们的需求和偏好直接决定了平台的商品种类和销售策略。为了提升用户体验和忠诚度，跨境电商平台会不断优化购物流程、丰富商品种类、提高物流配送效率等。

物流服务商在跨境电商生态系统中扮演着至关重要的角色。他们负责将商品从卖家仓库运送到买家手中，确保商品能够安全、快速地送达。为了提升物流效率和服务质量，跨境电商平台通常会与多家物流服务商建立合作关系，并提供便捷的物流查询和跟踪服务。

支付机构则是跨境电商交易的重要环节之一。它们为买家和卖家提供安全、便捷的支付解决方案，确保交易资金的安全流转。随着跨境电商的不断发展，支付机构也在不断推出新的支付方式和服务功能，以满足不同用户的需求。

（三）跨境电商平台的未来发展趋势

在未来几年，跨境电商平台将呈现出以下几个发展趋势：

1. 多平台布局：随着市场竞争的加剧，越来越多的卖家将选择在多个平台上开设店铺，以分散风险并提升销售额。这将促使跨境电商平台不断优化其服务和功能，以吸引更多卖家入驻。

2. 效率。通过引入先进的供应链管理技术和方法，平台将能够更好地控制库存、降低成本并提高客户满意度。

3. 技术创新：技术创新将是跨境电商平台持续发展的重要动力。

随着人工智能、大数据、物联网等技术的不断发展和应用，跨境电商平台将能够提供更加个性化、智能化的服务体验。例如，通过智能推荐系统为用户提供符合其兴趣和需求的商品推荐；通过物联网技术实现对包裹的全程跟踪和监控等。

4.合规经营：随着国际贸易政策的不断调整和变化，跨境电商平台将更加注重合规经营和风险管理。平台将加强与各国政府和相关机构的合作与沟通，确保交易的真实性和合法性；同时还将加强内部管理和监督力度，防止欺诈和违规行为的发生。

（四）跨境电商行业的挑战与机遇

跨境电商行业在快速发展的同时，也面临着诸多挑战和机遇。一方面，国际贸易政策的不确定性和关税环境的波动给跨境电商带来了一定的风险和挑战；另一方面，随着全球经济的不断交融发展和消费者需求的日益多样化，跨境电商行业也迎来了前所未有的发展机遇。

为了应对这些挑战和抓住机遇，跨境电商平台需要不断加强自身建设和管理水平。首先，平台需要加强与各国政府和相关机构的合作与沟通，了解并遵守国际贸易政策和法规；其次，平台需要不断优化其服务和功能以满足不同用户的需求和偏好；最后，平台还需要加强技术创新和人才培养力度以提高自身的竞争力和创新能力。

总之，跨境电商行业作为国际贸易的新兴力量将继续保持蓬勃发展的态势。未来几年内主流跨境电商平台将不断迭代升级并引领行业变革方向；同时整个跨境电商生态系统也将不断完善和优化以推动整个行业的持续健康发展。

第二节 跨境电商生态系统的构建

一、生态系统基本框架与构成要素

(一)跨境电商生态系统的基本框架

跨境电商生态系统的构建,首先需要一个清晰且稳固的基本框架作为支撑。这一框架是系统内部各要素相互关联、相互作用的基础,它确保了整个生态系统的有序运行和持续发展。跨境电商生态系统的基本框架主要包括平台层、服务层、监管层以及用户层四大核心部分。

平台层是生态系统的核心,由各大跨境电商平台组成,它们不仅是商品交易的载体,更是连接卖家与买家的桥梁。平台层通过提供商品展示、交易撮合、支付结算、物流配送等一系列服务,促进了跨境贸易的顺利进行。同时,平台层还通过数据分析、市场洞察等手段,不断优化服务流程,提升用户体验,推动整个生态系统的繁荣。

服务层则围绕平台层展开,为跨境电商交易提供全方位的支持。这包括物流服务商提供的跨境运输服务、支付机构提供的跨境支付解决方案,以及技术支持提供商提供的网络安全、数据分析等技术支持。服务层的存在,使得跨境电商交易更加便捷、高效,降低了交易成本和风险。

监管层是跨境电商生态系统不可或缺的组成部分,它负责维护市场秩序,保障交易安全。政府、行业协会及第三方监管机构共同构成了监管层,通过制定法律法规、实施监管政策、加强执法力度等手段,对跨境电商活动进行规范和监督。监管层的存在,为跨境电商的健康发展提供了有力保障。

用户层则是跨境电商生态系统的最终受益者，包括卖家和买家两大群体。他们通过跨境电商平台进行交易，享受全球化市场带来的便利和机遇。同时，用户层也是生态系统中最具活力的部分，他们的需求和反馈是推动生态系统不断发展和完善的重要动力。

（二）跨境电商生态系统的构成要素

跨境电商生态系统的构成要素多种多样，但可归纳为以下几个关键方面：

1. 平台技术：作为生态系统的核心驱动力，先进的平台技术是跨境电商高效运作的基础。这包括云计算、大数据、人工智能等前沿技术的应用，它们为平台提供了强大的数据处理能力和智能化服务，提升了交易效率和用户体验。

2. 物流服务：跨境物流是跨境电商的重要组成部分，其效率和可靠性直接关系到交易的成败。因此，物流服务是生态系统不可或缺的构成要素之一。这包括国际运输、仓储管理、配送服务等环节，需要物流服务商具备强大的网络覆盖能力和高效的运营管理能力。

3. 支付体系：跨境支付是跨境电商交易的重要环节，它关系到资金的安全流转和交易的顺利进行。因此，一个安全、便捷、高效的支付体系是跨境电商生态系统的关键构成要素。支付机构需要为买卖双方提供多种支付方式选择，并确保交易资金的安全性和可追溯性。

4. 政策环境：政策环境对跨境电商的发展具有重要影响。政府通过制定相关法规和政策，为跨境电商提供法律保障和市场准入条件。同时，政府还通过加强监管和执法力度，维护市场秩序和消费者权益。因此，政策环境是跨境电商生态系统的重要构成要素之一。

（三）生态系统各要素间的相互作用

跨境电商生态系统各要素之间相互依存、相互作用，共同推动系统的整体发展。平台层作为生态系统的核心，通过提供交易撮合、支付结算、物流配送等服务，将卖家和买家紧密联系在一起。同时，平台层还通过数据分析等手段，洞察市场需求和趋势，为服务层提供决策支持。

服务层围绕平台层展开，为跨境电商交易提供全方位的支持。物流服务商通过优化运输路线和降低物流成本，提高了跨境物流的效率和可靠性；支付机构通过提供安全、便捷的支付解决方案，保障了交易资金的安全流转；技术支持提供商则通过提供网络安全、数据分析等技术支持，提升了平台的技术水平和用户体验。

监管层则对跨境电商活动进行规范和监督，确保市场秩序和交易安全。政府通过制定相关法规和政策，为跨境电商提供法律保障和市场准入条件；行业协会通过制定行业标准和自律规范，引导企业合规经营；第三方监管机构则通过加强监管和执法力度，维护市场秩序和消费者权益。

用户层作为生态系统的最终受益者，其需求和反馈是推动系统不断发展和完善的重要动力。卖家和买家通过跨境电商平台进行交易，享受全球化市场带来的便利和机遇；同时，他们也对平台的服务质量和交易体验提出更高的要求和期望，促使平台不断优化服务流程和技术水平。

（四）生态系统构建的意义与挑战

跨境电商生态系统的构建对于推动全球贸易的繁荣和发展具有重要意义。它打破了地域限制，促进了资源的优化配置和市场的拓展；同时，它也为企业提供了更多的商业机会和增长动力。然而，在生态系统构建的过程中也面临着诸多挑战。

首先，跨境电商涉及不同国家和地区的法律法规、文化习俗等差异，这增加了交易的复杂性和不确定性。因此，如何协调各国之间的法律法规和贸易政策，降低贸易壁垒和摩擦成本，是构建跨境电商生态系统的重要挑战之一。

其次，跨境电商的快速发展也对物流、支付等配套服务提出了更高的要求。如何提升物流效率、降低物流成本、保障支付安全等问题亟待解决。

最后，随着技术的不断进步和市场的不断变化，跨境电商生态系统也需要不断创新和升级以满足新的需求和发展趋势。

二、平台、卖家、买家与服务商的联动机制

（一）平台的核心引领作用

在跨境电商生态系统中，平台作为核心，发挥着至关重要的引领作用。平台不仅为卖家和买家提供了一个交易和互动的场所，还通过制定规则、提供技术和数据支持，以及优化服务流程，促进了整个生态系统的顺畅运行。平台通过不断升级和完善其功能，如商品搜索、推荐算法、支付系统、物流追踪等，提升了用户体验，增强了用户黏性，从而吸引了更多的卖家和买家加入。

平台的核心引领作用还体现在其对卖家和买家的管理与服务上。平台通过严格的入驻审核和监管机制，确保了卖家的资质和商品质量，维护了市场的公平竞争。同时，平台也为卖家提供了多样化的营销工具和数据分析服务，帮助他们更好地了解市场需求，制定营销策略，提升销售业绩。对买家而言，平台则提供了便捷的购物流程、安全的支付环境和完善的售后服务，让买家能够安心购物，享受全球化市场带来的便利。

（二）卖家与买家的紧密互动

在跨境电商生态系统中，卖家和买家之间的紧密互动是推动系统发展的重要动力。卖家通过平台展示商品信息，与买家进行沟通交流，了解买家需求和反馈，从而不断调整和优化商品和服务。买家则通过平台浏览商品、比较价格、查看评价，最终选择心仪的商品进行购买。在这个过程中，卖家和买家之间的互动不仅促进了交易的完成，还增强了彼此之间的信任和依赖。

为了进一步提升卖家和买家之间的互动效果，平台可以采取一系

列措施。例如，加强商品信息展示和描述的标准化，提高商品搜索和推荐的准确性；优化买家评价和反馈机制，鼓励买家积极参与评价并提供有价值的建议；为卖家提供定制化的营销策略和客户服务方案，帮助他们更好地满足买家需求。

（三）服务商的协同支持作用

在跨境电商生态系统中，服务商作为重要的组成部分，为卖家、买家和平台提供了全方位的协同支持。服务商包括物流服务商、支付机构、技术支持提供商等，他们通过提供专业的服务和解决方案，确保了跨境电商交易的顺利进行。

物流服务商负责将商品从卖家仓库运送到买家手中，确保商品能够安全、快速地送达。他们通过优化运输路线、降低物流成本、提高配送效率等方式，为卖家和买家提供了优质的物流服务。支付机构则负责处理跨境支付业务，确保交易资金的安全流转。它们通过提供多种支付方式选择、加强风险防控和资金监管等措施，保障了交易的安全性和可靠性。技术支持提供商则为平台、卖家和买家提供了网络安全、数据分析、系统维护等技术支持服务，确保了系统的稳定运行和数据的安全传输。

服务商的协同支持作用不仅体现在具体业务上，还体现在对整个生态系统的优化和升级上。服务商之间可以通过加强合作和交流，共同推动技术创新和服务升级，为跨境电商生态系统的发展注入新的动力。

（四）联动机制的持续优化与创新

跨境电商生态系统的联动机制是一个不断优化和创新的过程。随着技术的不断进步和市场的不断变化，平台、卖家、买家和服务商之间的联动方式也在不断更新和完善。为了保持生态系统的竞争力和活力，各方需要共同努力，加强合作与交流，推动联动机制的持续优化与创新。

首先，平台需要不断升级和完善其功能和服务，提高用户体验和满意度。这包括加强数据分析和挖掘能力，为卖家和买家提供更加精准和个性化的服务；优化物流系统和支付流程，降低交易成本和风险；加强与其他服务商的合作与整合，形成更加紧密和高效的协同支持体系。

其次，卖家需要不断提升自身的竞争力和服务水平。这包括加强品牌建设和营销推广能力，提高商品质量和附加值；优化供应链管理和物流配送能力，确保商品能够及时、准确地送达买家手中；加强与买家的沟通和互动，了解买家需求和反馈，不断提升客户满意度和忠诚度。

最后，服务商也需要不断创新和提升自身服务能力。这包括加强技术研发和创新能力，推出更加先进和高效的解决方案；加强与其他服务商的合作与协同，形成更加完善的服务链条；加强与平台、卖家和买家的沟通和交流，了解市场需求和变化趋势，为整个生态系统的持续发展提供有力支持。

三、技术支撑与数据驱动的生态系统优化

（一）技术支撑：跨境电商生态系统的基石

在跨境电商生态系统的构建与优化过程中，技术支撑无疑是至关重要的基石。它不仅为平台提供了稳定的运行环境，更为生态系统的各个环节带来了效率与安全的双重保障。具体而言，云计算、大数据、人工智能等前沿技术的应用，使得跨境电商平台能够处理海量的交易数据，实现实时响应与智能决策。

云计算技术的引入，为跨境电商平台提供了强大的计算和存储能力，使得平台能够轻松应对高并发访问和海量数据存储的需求。同时，云计算的弹性扩展特性，也使得平台能够根据业务发展的需要，灵活调整资源配置，确保系统的稳定运行。

大数据技术则使得跨境电商平台能够深入挖掘数据价值，通过数据分析与挖掘，揭示消费者行为规律、市场趋势以及潜在的商业机会。这些洞察为卖家提供了宝贵的营销决策依据，也为平台优化用户体验、提升服务质量提供了有力支持。

人工智能技术的应用进一步提升了跨境电商生态系统的智能化水平。无论是智能客服、智能推荐还是智能风控，都极大地提高了交易的效率与安全性。人工智能系统能够模拟人类思维与行为，为用户提供更加个性化、智能化的服务体验。

（二）数据驱动：优化生态系统决策的关键

数据驱动是跨境电商生态系统优化的重要手段。在数据驱动的生态系统中，决策不再是基于经验或直觉，而是基于严谨的数据分析与预测。通过收集、整理、分析跨境电商交易过程中产生的各类数据，平台能够精准把握市场动态、消费者需求及卖家经营状况，从而制订出更加科学、合理的决策方案。

数据驱动的决策过程具有高度的透明性和可追踪性。每一个决策都是基于客观的数据分析而来，而非主观臆断或个别案例的推广。这种决策方式不仅提高了决策的准确性和有效性，还增强了用户对平台的信任感。

此外，数据驱动还促进了跨境电商生态系统的自我优化与迭代。平台通过对数据的持续监控与分析，能够及时发现并解决问题，优化服务流程与业务规则。同时，平台还能够根据数据分析结果，调整市场策略与营销策略，以更好地适应市场变化与消费者需求。

（三）技术创新与生态系统升级的良性循环

技术创新是推动跨境电商生态系统升级的重要动力。随着技术的不断进步和迭代，跨境电商平台能够不断引入新的技术元素，提升系统的智能化水平和服务质量。这些技术创新不仅增强了平台的竞争力，还为卖家和买家带来了更加便捷、高效的交易体验。

技术创新的过程中，跨境电商生态系统内的各方主体都能够从中受益。平台通过技术创新提高了自身的竞争力和服务水平；卖家能够借助新技术手段提高经营效率与盈利能力；买家则能够享受到更加个性化、智能化的购物体验。这种多方共赢的局面促进了生态系统的良性循环与持续发展。

同时，生态系统的升级也为技术创新提供了更加广阔的空间和舞台。随着生态系统的不断完善与拓展，新的业务场景和需求不断涌现，为技术创新提供了源源不断的动力源泉。这种技术创新与生态系统升级的良性循环为跨境电商的未来发展奠定了坚实的基础。

（四）数据安全与隐私保护：技术支撑与数据驱动的底线

在跨境电商生态系统的构建与优化过程中，数据安全与隐私保护是不容忽视的重要问题。随着数据的不断积累与分析利用，数据安全风险也随之增加。一旦数据泄露或被滥用，将给平台、卖家和买家带来不可估量的损失。

因此，在推动技术支撑与数据驱动的同时，必须高度重视数据安全与隐私保护问题。平台需要建立完善的数据安全管理体系和隐私保护机制，加强数据加密、访问控制、审计追踪等安全措施；同时还需要加强员工培训与意识教育，提高全员对数据安全与隐私保护的认识和重视程度。

此外，政府、行业协会以及第三方监管机构也需要加强对跨境电商平台的数据安全与隐私保护监管力度。通过制定相关法律法规和标准规范、加强执法检查和处罚力度等手段，确保跨境电商平台在追求技术创新与业务发展的同时，不损害用户的数据安全与隐私权益。

四、生态系统健康度评估与持续发展策略

（一）生态系统健康度评估的重要性

在跨境电商生态系统的构建与运营过程中，对生态系统健康度的评估是确保系统持续发展的关键。健康度评估不仅能够帮助平台、卖家、买家及服务商等各方主体了解当前生态系统的运行状况，还能及时发现潜在的问题与风险，为制定针对性的优化策略提供数据支持。通过定期或不定期的健康度评估，可以确保生态系统在动态变化的市场环境中保持稳健的发展态势。

健康度评估应涵盖多个维度，包括但不限于市场活跃度、用户满意度、交易效率、服务质量、技术创新力等。这些维度共同构成了评估生态系统健康度的综合指标体系。通过收集和分析相关数据，运用科学的评估方法，可以客观、全面地评价生态系统的健康状况，为决策提供依据。

（二）关键指标体系的构建与监测

为了有效评估跨境电商生态系统的健康度，需要构建一套科学、合理的关键指标体系。这些指标应能够全面反映生态系统的各个方面，包括市场、用户、技术、服务等多个维度。例如，市场活跃度可以通过交易量、交易金额、用户增长率等指标来衡量；用户满意度可以通过用户评价、投诉率、复购率等指标来反映；交易效率可以关注订单处理时间、物流配送速度等指标；服务质量则涉及售后服务、客服响应速度等方面。

在构建关键指标体系的基础上，还需要建立有效的监测机制，对各项指标进行持续跟踪和监测。通过数据分析，可以及时发现指标的变化趋势和异常情况，为预警和应对潜在风险提供有力支持。同时，监测结果还可以作为生态系统优化和升级的重要依据，推动系统向更加健康、高效的方向发展。

（三）基于评估结果的优化策略制定

健康度评估的最终目的是为了指导跨境电商生态系统的优化与升级。根据评估结果，平台、卖家、买家及服务商等各方主体可以共同制定针对性的优化策略。例如，针对市场活跃度不足的问题，可以通过加大营销投入、拓展市场渠道等方式来提升；针对用户满意度下降的情况，则需要深入分析原因，从商品质量、服务质量、用户体验等多个方面入手进行改进；针对交易效率低下的问题，可以通过优化交易流程、提升技术支撑能力等措施来加以解决。

优化策略的制定应充分考虑生态系统的整体性和协同性，确保各项措施能够相互促进、形成合力。同时，还需要注重策略的可操作性和可持续性，确保优化措施能够得到有效执行并持续发挥作用。

（四）持续发展与创新能力培养

跨境电商生态系统的持续发展离不开创新能力的支撑。在快速变化的市场环境中，只有不断创新才能保持竞争优势和生命力。因此，平台、卖家、买家及服务商等各方主体都应积极培养创新能力，推动生态系统的持续升级和迭代。

创新能力的培养可以从多个方面入手。首先，加强技术研发和投入，推动技术创新和应用落地；其次，注重人才培养和引进，打造高素质的创新团队；再次，加强与其他生态系统的交流与合作，借鉴先进经验和做法；最后，鼓励内部创业和试错文化，为创新提供宽松的环境和氛围。

通过持续发展与创新能力的培养，跨境电商生态系统将能够不断适应市场变化、满足用户需求、提升服务质量，实现更加健康、高效、可持续的发展。

第三节　第三方服务商的角色与价值

一、服务商类型与业务范畴界定

(一)服务商类型多样性及其作用

在跨境电商生态系统中,第三方服务商作为连接平台、卖家与买家的桥梁,其类型多样且功能各异,共同构成了支撑生态系统高效运转的重要力量。这些服务商大致可以分为:物流服务商、支付解决方案提供商、营销与广告服务商、技术支持与数据分析服务商等几大类。

物流服务商负责商品的国际运输与配送,确保商品能够安全、快速地送达买家手中。他们通过建立全球物流网络、优化配送路径、提供跨境仓储服务等方式,降低了物流成本,提升了物流效率,为跨境电商的快速发展提供了有力保障。

支付解决方案提供商则专注于解决跨境支付难题,为卖家和买家提供安全、便捷的支付渠道。他们通过与国际支付机构合作,支持多种货币结算,降低了汇率风险,缩短了资金回笼周期,为跨境电商交易的顺利进行提供了重要支持。

营销与广告服务商则帮助卖家提升品牌知名度和市场影响力,通过精准营销、广告投放、社交媒体推广等手段,吸引潜在买家,促进交易达成。他们的专业服务让卖家能够更专注于产品研发和客户服务,从而提升整体竞争力。

技术支持与数据分析服务商则利用大数据、人工智能等技术手段,为卖家提供数据分析、运营优化、风险控制等全方位的技术支持。他们通过深入挖掘数据价值,帮助卖家洞察市场趋势,优化经营策略,实现精细化运营和智能化决策。

（二）业务范畴的明确界定与专业化发展

随着跨境电商行业的不断发展，第三方服务商的业务范畴也在逐渐拓展和深化。为了确保服务质量和效率，服务商需要明确界定自身的业务范畴，实现专业化发展。

物流服务商应专注于提升物流效率和降低成本，不断优化物流网络和配送流程，提高客户满意度。同时，他们还应关注物流安全和环保问题，确保商品在运输过程中的安全无虞，并减少对环境的影响。

支付解决方案提供商则应关注支付安全、稳定与便捷性，加强与国内外支付机构的合作，拓展支付渠道和支付方式，降低支付成本。同时，他们还应加强风险控制能力，确保交易资金的安全和稳定。

营销与广告服务商则需要不断研究市场趋势和消费者行为，提升精准营销和广告投放的效果。他们应加强与卖家的沟通与合作，了解卖家的需求和目标受众，制订个性化的营销策略和广告方案。

技术支持与数据分析服务商则需要紧跟技术发展潮流，不断提升自身的技术实力和创新能力。他们应加强与平台、卖家和其他服务商的合作与交流，共同推动跨境电商生态系统的智能化升级和迭代发展。

（三）服务商之间的协同合作与生态共建

在跨境电商生态系统中，第三方服务商之间的协同合作至关重要。通过加强合作与交流，服务商可以共享资源、互补优势、降低成本、提升效率，共同推动生态系统的健康发展。

例如，物流服务商可以与支付解决方案提供商合作，提供一站式物流支付解决方案，降低卖家的运营成本和时间成本。营销与广告服务商则可以与技术支持与数据分析服务商合作，利用大数据分析技术提升营销效果和客户体验。

此外，服务商还可以通过建立行业联盟或合作平台等方式，加强信息共享和资源整合，推动行业标准的制定和实施，共同维护跨境电商生态系统的稳定和繁荣。

（四）服务商价值的深化与生态系统的持续优化

第三方服务商在跨境电商生态系统中扮演着不可或缺的角色，他们的价值不仅体现在为卖家和买家提供专业服务上，更体现在推动生态系统的持续优化和升级上。

随着技术的不断发展和市场的不断变化，服务商需要不断深化自身的价值创造能力，提供更加个性化、智能化、高效化的服务。同时，他们还需要密切关注市场趋势和消费者需求的变化，及时调整和优化服务内容和方式，以满足市场的不断变化和发展需求。

在服务商的共同努力下，跨境电商生态系统将不断得到优化和升级，实现更加高效、便捷、安全的交易环境。这将有助于提升整个行业的竞争力和影响力，推动跨境电商行业的持续健康发展。

二、在跨境电商流程中的关键作用

（一）商品信息全球化传播的催化剂

在跨境电商流程中，第三方服务商扮演着商品信息全球化传播的催化剂角色。随着全球化进程的加速，消费者对于海外商品的需求日益增长，但信息不对称一直是制约跨境电商发展的重要因素。第三方服务商通过其专业化的服务，如多语言翻译、本地化营销、SEO优化等，帮助卖家将商品信息精准、高效地传递给全球买家。

首先，多语言翻译服务确保了商品信息在不同语言环境下的准确传达，消除了语言障碍，使得买家能够轻松理解商品详情，提升购买意愿。其次，本地化营销服务根据目标市场的文化、消费习惯等因素，对商品信息进行定制化调整，使其更符合当地买家的喜好和需求，从而提高市场接受度。最后，SEO优化服务则通过提升商品信息在搜索引擎中的排名，增加曝光度，吸引更多潜在买家。

通过这些服务，第三方服务商不仅促进了商品信息的全球化传播，还帮助卖家建立了品牌形象，提升了市场竞争力。

（二）交易流程高效顺畅的保障者

跨境电商交易流程复杂，涉及支付、物流、清关等多个环节，任何一个环节的失误都可能导致交易失败或买家体验感下降。第三方服务商在这一过程中发挥着保障交易流程高效顺畅的关键作用。

支付解决方案提供商通过提供安全、便捷的支付渠道，降低了跨境支付的风险和成本，确保了交易资金的快速到账。物流服务商则通过优化物流网络、提升配送效率，确保商品能够按时、安全地送达买家手中。同时，他们还提供跨境仓储、退换货等增值服务，进一步提升了买家的购物体验。

此外，第三方服务商还协助卖家处理清关手续、税务问题等复杂环节，减轻了卖家的运营负担，使其能够更专注于核心业务的发展。通过这些服务，第三方服务商确保了跨境电商交易流程的顺畅进行，提升了整体交易效率。

（三）风险防控与合规管理的守护者

跨境电商涉及多个国家和地区，面临着复杂的法律、税务、监管等风险。第三方服务商在风险防控与合规管理方面发挥着至关重要的作用。

他们通过提供法律咨询、税务筹划、合规审核等服务，帮助卖家了解并遵守目标市场的法律法规和监管要求，降低因违规操作而引发的法律风险和经济损失。同时，他们还利用大数据、人工智能等技术手段，对交易数据进行实时监测和分析，及时发现并应对潜在的欺诈、洗钱等风险事件。

此外，第三方服务商还积极参与行业标准的制定和实施，推动跨境电商行业的规范化发展。他们通过与其他服务商、平台、政府机构等合作，共同建立风险防控和合规管理的长效机制，为跨境电商的健康发展提供有力保障。

（四）推动生态系统创新与升级的驱动力

第三方服务商不仅是跨境电商流程中的关键环节，更是推动生态系统创新与升级的重要驱动力。他们通过不断研发新技术、新产品、新服务，为跨境电商生态系统注入新的活力和动力。

例如，技术支持与数据分析服务商利用大数据、人工智能等技术手段，为卖家提供精准的市场洞察、用户画像、营销策略等服务，帮助卖家实现精细化运营和智能化决策。这不仅提高了卖家的经营效率和竞争力，还推动了整个生态系统的智能化升级。

同时，第三方服务商还积极参与跨境电商生态系统的创新实践，如区块链技术的应用、绿色物流的推广等，为生态系统的可持续发展贡献了自己的力量。通过不断创新和升级服务内容和方式，第三方服务商推动了跨境电商生态系统的不断发展和完善。

三、增值服务与创新解决方案提供

（一）定制化增值服务：满足个性化需求

在跨境电商的广阔舞台上，第三方服务商通过提供定制化的增值服务，精准对接卖家与买家的个性化需求，成为推动行业发展的重要力量。这些增值服务包括但不限于个性化营销策略制定、专属物流解决方案、定制化仓储管理以及跨境支付优化等。

个性化营销策略的制定是第三方服务商根据卖家的品牌特色、产品特性及目标市场特点，量身定制的推广方案。通过深入分析市场趋势、消费者行为及竞争对手动态，服务商能够协助卖家精准定位目标客群，制定高效的营销策略，提升品牌知名度和市场份额。

专属物流解决方案则针对跨境电商中物流环节复杂多变的特点，为卖家提供从仓储、打包、运输到配送的一站式服务。通过优化物流路径、降低物流成本、提升配送效率，服务商确保商品能够安全、快速地送达买家手中，提升买家满意度和忠诚度。

(二)创新解决方案:应对行业挑战

面对跨境电商行业的快速变化与诸多挑战,第三方服务商应积极研发创新解决方案,帮助卖家应对市场变化,保持竞争优势。这些创新解决方案涵盖了技术、管理、服务等多个方面。

在技术层面,服务商利用大数据、人工智能等先进技术,为卖家提供智能化的数据分析、预测与决策支持。通过深入挖掘数据价值,服务商能够协助卖家洞察市场趋势,优化产品结构,提高运营效率。

在管理层面,服务商通过引入先进的管理理念和方法,如精益管理、六西格玛等,帮助卖家优化内部管理流程,提高管理水平和效率。同时,服务商还提供专业的培训与咨询服务,助力卖家提升团队能力和竞争力。

(三)促进供应链协同与优化

第三方服务商在跨境电商供应链中扮演着重要角色,通过促进供应链的协同与优化,提高整个生态系统的运行效率。他们通过搭建供应链协同平台、整合供应链资源、优化供应链流程等方式,实现供应链各环节之间的无缝对接和高效协同。

在供应链协同平台上,卖家、买家、物流商、支付机构等各方主体可以实时共享信息、协同作业,提升供应链的透明度和响应速度。同时,服务商还利用大数据分析技术,对供应链数据进行深入挖掘和分析,发现潜在的问题和优化空间,为供应链的优化提供有力支持。

(四)推动行业标准化与规范化发展

作为跨境电商生态系统中的重要参与者,第三方服务商还承担着推动行业标准化与规范化发展的重任。他们积极参与行业标准的制定与实施工作,推动行业自律与诚信建设,提升整个行业的服务质量和水平。

通过制定并执行严格的服务标准和操作规范,服务商确保自身服务的专业性和可靠性，赢得客户的信任和支持。同时，他们还通过与其他服务商、平台及政府机构等合作，共同推动跨境电商行业的标准化与规范化进程，为行业的持续健康发展贡献力量。

综上所述，第三方服务商在跨境电商流程中不仅扮演着关键角色，还通过提供定制化增值服务、创新解决方案、促进供应链协同与优化以及推动行业标准化与规范化发展等方式，为整个生态系统的繁荣与进步贡献自己的力量。

四、服务商选择与合作的考量因素

（一）专业能力与服务质量的评估

在选择与跨境电商第三方服务商合作时，首要考量的是其专业能力与服务质量。专业能力体现在服务商是否具备行业所需的技术实力、资源储备和行业经验，能否为卖家提供高效、精准的解决方案。这包括但不限于物流运输的时效性、支付解决方案的安全性、营销服务的效果评估等。服务质量则关乎服务商的服务态度、响应速度、问题解决能力等，是评价其综合实力的关键指标。

具体而言，卖家应关注服务商的历史业绩、客户评价、行业口碑等信息，以全面了解其专业能力和服务质量。同时，通过与服务商进行深入的沟通与交流，了解其服务流程、操作规范及后续支持措施，确保所选服务商能够满足自身的业务需求。

（二）成本效益与性价比分析

成本效益与性价比是卖家在选择第三方服务商时不可忽视的重要因素。卖家需综合考虑服务商的收费标准、服务内容、服务质量及预期收益等多个方面，进行成本效益分析，既要确保所选服务商的价格合理、透明，避免因高昂费用而增加运营成本；又要确保服务内容全面、服务质量上乘，能够带来实实在在的业务增长和利润提升。

在性价比分析过程中，卖家应结合自身实际情况和市场环境，制订科学合理的预算方案。同时，通过比较不同服务商的报价、服务内容及服务质量等因素，选择性价比最优的服务商作为合作伙伴。

（三）兼容性与协同能力考察

跨境电商业务涉及多个环节和多个参与方，因此选择与第三方服务商合作时还需考虑其兼容性与协同能力。兼容性主要指服务商的系统、平台或工具能否与卖家的现有系统或平台无缝对接、顺畅运行。这关系到卖家能否快速、便捷地接入服务商提供的服务，减少因技术对接问题带来的时间成本和人力成本。

协同能力则指服务商能否与卖家、其他服务商及平台等各方主体保持良好的沟通与协作关系，共同应对市场变化和业务挑战。这要求服务商具备高度的责任心和团队精神，能够积极响应卖家的需求和建议，共同推动业务的发展和创新。

（四）长期合作潜力与稳定性评估

卖家在选择第三方服务商时还需关注其长期合作潜力与稳定性。长期合作潜力主要体现在服务商的发展潜力、创新能力及市场适应能力等方面。一个具备良好发展潜力、持续创新能力和快速适应市场变化的服务商，能够为卖家提供持续稳定的支持和帮助，助力卖家在激烈的市场竞争中保持领先地位。

稳定性则关乎服务商的经营状况、财务状况及信誉度等因素。一个经营稳健、财务状况良好、信誉度高的服务商，能够确保为卖家提供长期、稳定的服务支持，避免因服务商自身问题而给卖家带来不必要的损失和风险。

因此，在选择跨境电商第三方服务商时，卖家应综合考虑以上四个方面的因素，进行全面的评估与考量。通过选择具备专业能力、成本效益高、兼容性好、协同能力强且具备长期合作潜力与稳定性的服务商作为合作伙伴，卖家将能够在跨境电商领域实现更加稳健、快速的发展。

第四节　平台选择与入驻策略

一、平台定位与卖家需求匹配度评估

（一）平台特色与卖家业务模式的契合度

在跨境电商领域，不同平台往往拥有独特的定位、特色及业务模式，这些因素直接影响到卖家在平台上的运营效果与成长潜力。因此，评估平台定位与卖家需求之间的匹配度，首要考虑的是平台特色与卖家业务模式的契合度。

卖家需深入分析自身产品的特性、目标市场、品牌定位及营销策略，明确自身在跨境电商领域的核心竞争力。随后，对比不同平台的运营模式、用户画像、市场覆盖范围及特色服务等，寻找与自身业务模式最为契合的平台。例如，若卖家主打高端精品市场，则应选择注重品质保证、品牌形象塑造的平台；若卖家追求快速周转、大量出货，则可能更倾向于选择流量大、物流体系完善的平台。

（二）市场需求与平台资源的对接效率

市场需求是驱动跨境电商发展的核心动力，而平台资源的丰富程度与对接效率则直接影响到卖家满足市场需求的能力。在评估平台定位与卖家需求匹配度时，必须关注市场需求与平台资源的对接效率。

卖家需密切关注目标市场的消费趋势、热门品类及潜在需求，分析平台在商品展示、营销推广、数据分析等方面的资源投入与支持力度。一个优秀的跨境电商平台应能够提供多元化的营销工具、精准的数据分析支持以及高效的物流解决方案，帮助卖家快速响应市场需求，

提升销售业绩。同时，平台还应积极整合行业资源，为卖家搭建与供应商、服务商等合作伙伴之间的桥梁，促进产业链的协同发展。

（三）平台政策与卖家发展策略的协同性

平台政策是规范卖家行为、保障消费者权益、促进平台健康发展的基石。在选择跨境电商平台时，卖家必须仔细研究平台的各项政策规定，评估其与自身发展策略的协同性。

具体而言，卖家应关注平台的入驻门槛、费用结构、售后服务要求、违规处理机制等方面。一方面，要确保自身符合平台的入驻标准与运营规范，避免因违规操作而遭受处罚；另一方面，要充分利用平台的政策优势与激励机制，如新品推广、流量扶持、佣金优惠等，推动自身业务的快速发展。同时，卖家还需关注平台政策的动态变化与未来趋势，及时调整自身发展策略以适应平台的发展需求。

（四）平台生态与卖家成长路径的匹配度

跨境电商平台不仅是一个商品交易的场所，更是一个由卖家、买家、服务商等多方参与者共同构建的生态系统。在评估平台定位与卖家需求匹配度时，还需考虑平台生态与卖家成长路径的匹配度。

卖家应分析平台上的竞争格局、市场细分情况及发展趋势，评估自身在平台生态中的定位与角色。同时，要关注平台为卖家提供的成长路径与资源支持，如培训课程、交流社群、融资对接等。一个成熟的跨境电商平台应能够为卖家提供全方位的支持与帮助，助力卖家在平台上快速成长并实现可持续发展。卖家在选择平台时，应优先选择那些能够提供完善成长路径与资源支持的平台，以便更好地融入平台生态并实现自身价值的最大化。

二、入驻流程与条件解析

（一）入驻流程的全面梳理与理解

在跨境电商平台选择与入驻的过程中，深入理解并全面梳理入驻流程是至关重要的一步。这不仅有助于卖家提前准备所需材料，还能确保整个入驻过程的高效与顺利。入驻流程通常包括注册账号、提交资料、审核验证、签订合同、缴纳费用以及店铺装修与商品上架等多个环节。

卖家在梳理入驻流程时，需特别注意每个环节的具体要求与注意事项。例如，在注册账号时，需确保提供的邮箱、手机号等联系方式真实有效，以便平台能及时与卖家沟通；在提交资料时，需按照平台要求准备齐全的企业资质、产品证明、品牌授权等文件，并确保所有资料的真实性与准确性；在审核验证阶段，需耐心等待平台审核，并积极配合平台完成必要的验证工作。

（二）入驻条件的细致解读与评估

不同跨境电商平台对卖家的入驻条件往往有所差异，这些条件包括但不限于企业资质、产品品类、品牌要求、销售额度等。卖家在选择平台并准备入驻前，需对平台的入驻条件进行细致解读与评估，以判断自身是否符合平台的入驻标准。

在解读入驻条件时，卖家首先需关注平台对企业资质的具体要求，如是否需要具备进出口权、是否需要提供特定的行业许可证等；其次，还需了解平台对产品品类的限制与偏好，以便根据自身产品特性选择合适的平台；再次，还需关注平台对品牌的要求与保护机制，确保自身品牌能够在平台上得到充分的展示与保护；最后，还需评估平台对销售额度的要求与激励机制，以便合理规划自身在平台上的销售策略与目标。

(三) 入驻过程中可能遇到的挑战与对策

跨境电商平台入驻过程中，卖家可能会遇到各种挑战与问题，如资料审核不通过、店铺运营初期流量不足、产品竞争压力大等。针对这些挑战与问题，卖家需提前制订应对策略与解决方案。

对于资料审核不通过的问题，卖家需仔细核对所提交的资料是否齐全、准确且符合平台要求，并在必要时与平台客服沟通寻求帮助；对于店铺运营初期流量不足的问题，卖家可通过优化店铺装修、提升商品质量与服务水平、积极参与平台营销活动等方式吸引用户关注；对于产品竞争压力大的问题，卖家可加强市场调研与竞品分析，寻找差异化竞争优势并制定针对性的营销策略。

(四) 入驻后的持续优化与成长策略

成功入驻跨境电商平台并不意味着卖家可以高枕无忧地等待订单滚滚而来。相反，入驻后的持续优化与成长策略才是卖家在平台上取得长期成功的关键。

首先，卖家需定期分析店铺运营数据，了解用户行为与市场趋势，以便及时调整产品策略与营销策略；其次，还需关注平台政策与规则的更新变化，确保自身运营行为始终符合平台要求；再次，卖家还需积极参与平台提供的培训与交流活动，不断提升自身运营能力与行业认知；最后，卖家还需不断拓展产品线与市场渠道，以实现多元化经营与规模化发展。通过这些持续优化与成长策略的实施，卖家将在跨境电商平台上获得更加广阔的发展空间与机遇。

三、差异化竞争策略的制定与实施

(一) 市场细分与目标客户定位

在跨境电商领域，制定差异化竞争策略的首要任务是进行市场细分与目标客户定位。市场细分是指根据消费者需求、购买行为、地理位置等因素将整体市场划分为若干个具有相似特征的子市场。通过市场细分，卖家可以更清晰地了解不同子市场的特点与需求，从而有针对性地制定营销策略。

目标客户定位则是在市场细分的基础上，进一步明确自身的目标客户群体。这包括分析目标客户的年龄、性别、收入水平、消费习惯、购买偏好等特征，以及他们在跨境电商平台上的行为模式与需求痛点。通过精准的目标客户定位，卖家可以更加有针对性地提供符合客户需求的产品与服务，增强客户黏性与忠诚度。

（二）产品差异化与品牌塑造

产品差异化是差异化竞争策略的核心之一。在跨境电商平台上，产品同质化现象严重，卖家需要通过产品创新、品质提升、功能优化等方式实现产品差异化。这不仅可以满足目标客户的独特需求，还能在激烈的市场竞争中脱颖而出。

同时，品牌塑造也是提升产品差异化与竞争力的重要手段。卖家应注重品牌形象的塑造与传播，通过独特的品牌故事、品牌理念、品牌视觉识别系统等元素，打造具有鲜明个性的品牌形象。这有助于提升品牌知名度与美誉度，增强客户对品牌的认同感与忠诚度。

（三）营销策略的创新与个性化

在跨境电商平台上，营销策略的创新与个性化是吸引目标客户、提升销售业绩的关键。卖家应根据目标客户的特点与需求，制定具有针对性的营销策略。例如，利用大数据分析技术精准推送个性化广告；通过社交媒体、短视频等新兴渠道进行品牌宣传与产品推广；开展限时折扣、满减优惠等促销活动吸引客户购买等。

此外，卖家还应注重客户体验的优化与提升。通过提供优质的客户服务、便捷的购物流程、快速的物流配送等服务，增强客户的购物体验与满意度。这有助于提升客户口碑与复购率，为卖家带来更多的销售机会与增长动力。

（四）持续学习与创新能力培养

在跨境电商领域，市场环境与技术手段日新月异，卖家必须保持持续学习与创新能力，以适应市场的变化与技术的发展。这包括关注行业动态与趋势、学习先进的营销理念与技巧、掌握新兴的技术工具与平台等。

同时，卖家还应注重团队建设与人才培养。通过组建专业化、多元化的团队，汇聚不同领域的专业人才与智慧，共同推动企业的创新与发展。此外，卖家还应建立完善的培训体系与激励机制，鼓励员工不断学习新知识、掌握新技能，为企业的持续发展提供有力的人才保障。

综上所述，差异化竞争策略的制定与实施需要卖家从市场细分与目标客户定位、产品差异化与品牌塑造、营销策略的创新与个性化以及持续学习与创新能力培养等多个方面入手。通过综合运用这些策略与手段，卖家可以在跨境电商平台上实现差异化竞争与可持续发展。

四、平台规则与政策适应性分析

（一）平台规则框架的全面解析

在跨境电商平台生态系统中，平台规则是保障交易秩序、维护消费者权益、促进商家公平竞争的重要基石。对平台规则框架的全面解析，是商家在入驻前及运营过程中必须深入研究的课题。平台规则通常涵盖商品发布、交易流程、售后服务、违规处理等多个方面，形成了一套完整的制度体系。

商家需从宏观上把握平台规则的整体框架，了解各项规则之间的逻辑关系与相互作用。具体而言，要清晰理解平台对商品品质、描述准确性、价格合理性等方面的要求；掌握交易流程中的订单处理、支付结算、物流配送等关键环节；同时，还需了解平台对于售后服务、退换货政策、客户投诉处理等方面的具体规定。通过全面解析平台规则框架,商家能够确保自身经营行为符合平台要求,避免因违规操作而遭受处罚。

(二)政策变化对商家影响的预测与应对

跨境电商平台政策并非一成不变,随着市场环境、技术革新及消费者需求的变化,平台政策也会相应调整。商家需密切关注平台政策的动态变化,预测这些变化可能对自身经营产生的影响,并提前制定应对策略。

政策变化可能涉及入驻门槛的调整、佣金费率的变动、营销活动的变化等多个方面。商家需结合自身实际情况,分析政策变化带来的机遇与挑战。对有利于自身发展的政策变化,如降低入驻门槛、提高佣金返还比例等,商家应积极把握机会,加大投入力度;对于可能带来不利影响的政策变化,如增加审核难度、限制商品品类等,商家则需提前做好准备,调整经营策略以应对潜在风险。

(三)合规经营与风险防范意识的培养

在跨境电商平台上,合规经营是商家持续健康发展的基础。商家需树立强烈的合规经营意识,严格遵守平台规则及国家法律法规,确保自身经营行为的合法性与规范性。

同时,商家还需注重风险防范意识的培养。跨境电商涉及国际贸易、支付结算、物流配送等多个环节,存在诸多潜在风险。商家需加强内部管理,完善风险控制机制,对可能出现的风险进行预警与应对。例如,建立健全的财务管理制度,确保资金安全;加强供应链管理,降低商品质量与供应风险;提高客户服务意识,预防客户投诉与纠纷等。

(四)利用平台政策与资源促进发展

跨境电商平台不仅为商家提供了商品交易的平台,还通过一系列政策与资源支持商家的成长与发展。商家应充分利用平台政策与资源,提升自身竞争力与盈利能力。

首先,商家可积极参与平台举办的各类营销活动,如大促活动、品牌日、限时折扣等,借助平台流量优势提升品牌曝光度与销售额。其次,商家可充分利用平台提供的数据分析工具,深入挖掘用户行为与市场需求,为产品开发与营销策略提供数据支持。最后,商家还可积极寻求与平台及其他商家的合作机会,通过资源共享、优势互补实现共赢发展。例如,与供应链合作伙伴建立长期合作关系,确保商品质量与供应稳定性;与跨境电商服务商合作,提升物流配送效率与售后服务质量等。

第五节 跨境电商生态的协同发展

一、生态内部资源共享与优势互补

(一)资源共享:构建跨境电商生态的基石

在跨境电商生态中,资源共享是实现协同发展的关键基石。这一过程涉及信息、技术、物流、资金等多方面的资源在生态内部的高效流通与优化配置。通过资源共享,各主体能够打破信息孤岛,降低运营成本,提升整体效率。

首先,信息资源的共享是跨境电商生态协同发展的基础。平台通过开放 API 接口、提供数据分析工具等方式,使卖家能够获取市场动态、消费者行为等关键信息,从而做出更加精准的决策。同时,物流服务商与支付机构也能通过信息共享，实现订单处理、库存管理的无缝对接，提升物流效率与资金流转速度。

其次，技术资源的共享是推动跨境电商生态创新的重要动力。技术服务提供商通过开放技术平台、提供解决方案等方式，帮助卖家解决技术难题，提升用户体验。同时，跨境电商平台也能借助先进的技术手段，如人工智能、大数据等，优化平台功能，提升服务质量。

（二）优势互补：强化跨境电商生态的竞争力

跨境电商生态中的各主体在资源、能力、市场等方面各具优势，通过优势互补，能够形成强大的合力，提升整个生态的竞争力。

卖家作为商品与服务的提供者，拥有独特的商品资源与市场洞察力。他们通过深入了解消费者需求，开发符合市场需求的商品，为跨境电商生态注入源源不断的活力。而跨境电商平台则拥有强大的流量入口与品牌影响力，能够为卖家提供广阔的展示与销售平台。

物流服务商在跨境物流方面具备丰富的经验与资源，能够提供高效、可靠的物流服务。他们通过优化物流网络、提升配送速度等方式，降低物流成本，提升消费者满意度。支付机构则通过提供安全、便捷的支付解决方案，保障交易资金的安全流转，为跨境电商生态的健康发展提供有力支持。

（三）促进生态内部协同创新的机制

为了推动跨境电商生态的持续发展，需要建立促进内部协同创新的机制。这包括建立开放合作的创新平台、鼓励跨界合作与知识共享、设立创新基金等方式。

开放合作的创新平台能够汇聚各方智慧与资源，为创新提供肥沃的土壤。通过该平台，各主体可以共同研发新技术、新产品，推动跨境电商生态的技术进步与产业升级。同时，跨界合作与知识共享能够打破行业壁垒，促进不同领域之间的交流与融合，为创新提供更多可能性。

设立创新基金能够为有潜力的创新项目提供资金支持，降低创新风险，激发创新活力。通过创新基金的引导与激励作用，可以吸引更多优秀人才与资源投入到跨境电商生态的创新事业中来。

（四）构建可持续发展的跨境电商生态体系

为了实现跨境电商生态的可持续发展，需要构建一个完善的生态体系。这包括建立健全的法律法规体系、加强行业自律与监管、推动绿色发展与社会责任履行等方面。

健全的法律法规体系能够为跨境电商生态的发展提供有力保障。通过制定完善的法律法规，明确各主体的权利与义务，规范市场行为，维护市场秩序，为跨境电商生态的健康发展创造良好环境。

加强行业自律与监管也是构建可持续发展跨境电商生态体系的重要一环。通过建立行业协会、制定行业标准等方式，加强行业内部的沟通与协作，共同推动行业的规范发展。同时，政府部门也应加强对跨境电商生态的监管力度，打击违法违规行为，维护市场公平竞争。

推动绿色发展与社会责任履行则是跨境电商生态可持续发展的必然要求。各主体应积极履行社会责任，关注环境保护与可持续发展问题，推动绿色生产与消费模式的形成。通过共同努力，构建一个绿色、健康、可持续的跨境电商生态体系。

二、跨平台合作与战略联盟构建

（一）跨平台合作的必要性与驱动因素

在跨境电商领域，跨平台合作已成为推动生态协同发展的重要途径。其必要性主要体现在以下几个方面：一是扩大市场覆盖，通过与其他平台的合作，跨境电商企业能够触及更多潜在消费者，实现市场扩张；二是资源共享与互补，不同平台在商品、技术、物流等方面各具优势，通过合作可以实现资源的高效整合与利用；三是提升用户体验，跨平台合作有助于提供更加全面、便捷的购物体验，满足消费者多样化的需求。

驱动跨平台合作的因素多种多样，包括市场竞争压力、技术创新推动、消费者需求变化等。市场竞争的日益激烈促使企业寻求合作以共同抵御风险，技术创新为跨平台合作提供了可能，而消费者需求的日益多样化则要求企业不断拓宽服务范围，提升服务质量。

（二）战略联盟的构建策略与模式

战略联盟是跨平台合作的高级形态，它通过建立长期稳定的合作关系，实现资源共享、风险共担、利益共享。在跨境电商生态中，构建战略联盟的策略包括明确合作目标、选择合适的合作伙伴、制订详细的合作计划等。合作伙伴的选择至关重要，需要综合考虑对方的资源实力、市场地位、企业文化等因素，确保双方能够优势互补、协同发展。

战略联盟的模式多种多样，包括股权合作、业务合作、技术合作等。股权合作通过相互持股或共同投资新项目等方式，实现资本层面的深度融合；业务合作通过共同开发市场、共享销售渠道等方式，实现业务层面的紧密合作；技术合作则通过共同研发新技术、共享技术成果等方式，推动技术创新与产业升级。

（三）跨平台合作中的协调机制与利益分配

跨平台合作涉及多个主体，如何协调各方利益、确保合作顺利进行是合作成功的关键。建立有效的协调机制至关重要，这包括设立专门的协调机构、制定详细的合作规则与流程、建立高效的沟通渠道等。通过定期召开协调会议、分享合作进展与问题、共同商讨解决方案等方式，确保各方能够及时沟通、协同作战。

利益分配是跨平台合作中的敏感问题，需要各方在合作之初就明确利益分配原则与方式。合理的利益分配机制能够激发各方的合作积极性与创造力，推动合作向纵深发展。在利益分配上，应坚持公平、公正、透明的原则，根据各方贡献大小合理分配利益，同时预留一定的灵活空间以应对不确定性因素。

（四）跨平台合作对跨境电商生态的长远影响

跨平台合作不仅有助于提升单个企业的竞争力与市场份额，更对跨境电商生态的长远发展具有深远影响。首先，跨平台合作促进了资源的优化配置与高效利用，推动了整个生态的繁荣与发展；其次，跨平台合作加速了技术创新与产业升级的步伐，提升了整个行业的竞争力与创新能力；最后，跨平台合作还有助于建立更加完善的市场秩序与监管体系，保障消费者权益与市场的公平竞争。

因此，跨境电商企业应紧紧跟随跨平台合作与战略联盟的构建趋势，通过与其他平台的紧密合作与协同发展，共同推动跨境电商生态的繁荣与进步。

三、政府支持与政策环境的优化

（一）政府支持在跨境电商生态中的关键作用

在跨境电商生态的协同发展中，政府支持扮演着至关重要的角色。政府通过制定政策、提供资金、建设基础设施等方式，为跨境电商企业营造了良好的发展环境，推动了生态的繁荣与稳定。首先，政府政策是引导跨境电商发展的风向标，通过明确发展方向、规范市场秩序、优化营商环境等措施，为跨境电商企业提供了清晰的政策指引。其次，政府资金的支持对跨境电商企业来说如同及时雨，能够缓解企业在技术研发、市场开拓等方面的资金压力，助力企业快速成长。最后，政府在跨境电商基础设施建设方面的投入，如跨境物流体系、支付结算系统、数据交换平台等，为跨境电商的顺畅运行提供了有力保障。

（二）政策环境的优化与跨境电商生态的协同发展

政策环境的优化是跨境电商生态协同发展的重要保障。为了推动跨境电商的健康发展，政府需要不断优化政策环境，包括完善法律法规、降低市场准入门槛、加强知识产权保护、促进国际合作等。完善的法律法规能够为跨境电商企业提供法律保障，降低经营风险；降低市场准入门槛能够吸引更多企业参与跨境电商市场，促进市场竞争与繁荣；加强知识产权保护能够激发企业创新活力，推动产业升级；促进国际合作则能够拓宽跨境电商的市场空间，提升国际竞争力。

（三）政府支持下的跨境电商人才培养与引进

跨境电商的快速发展对人才的需求日益增长，而政府支持在人才培养与引进方面发挥着重要作用。政府可以通过设立专项基金、建设培训基地、推动校企合作等方式，加大对跨境电商人才的培养力度。同时，政府还可以制定优惠政策，吸引海外高层次人才回国发展，为跨境电商生态注入新的活力。此外，政府还应鼓励企业加强内部培训，提升员工的专业素养与综合能力，为跨境电商的持续发展提供有力的人才支撑。

（四）政府监管与跨境电商生态的可持续发展

在跨境电商生态的协同发展中，政府监管是不可或缺的一环。政府监管在维护市场秩序、保障消费者权益、防范风险隐患等方面发挥着重要作用。为了促进跨境电商生态的可持续发展，政府需要建立健全的监管体系，加强对跨境电商企业的监管力度。这包括加强对跨境电商平台的监管，确保其合法合规运营；加强对跨境商品质量的监管，保障消费者权益；加强对跨境支付、物流等环节的监管，防范风险隐患。同时，政府还应加强与国际组织的合作与交流，共同推动跨境电商国际规则的制定与完善，为跨境电商的全球化发展创造有利条件。

四、生态可持续发展模式探索与实践

(一)绿色生态构建:跨境电商的环保责任与实践

在探索跨境电商生态的可持续发展模式中,绿色生态的构建是不可忽视的一环。跨境电商作为连接全球消费者的桥梁,其运营过程中涉及的包装、物流、仓储等环节均对环境产生一定影响。因此,跨境电商企业应积极承担环保责任,通过采用环保材料、优化包装设计、推广绿色物流等方式,减少碳足迹,实现绿色运营。同时,跨境电商平台也应发挥引领作用,建立绿色供应链体系,鼓励卖家提供环保产品,共同推动绿色消费理念的普及。此外,政府也应出台相关政策,如提供环保补贴、实施绿色税收等,以激励企业积极参与绿色生态建设。

(二)技术创新驱动:提升跨境电商生态的智能化水平

技术创新是推动跨境电商生态可持续发展的重要动力。通过引入人工智能、大数据、区块链等先进技术,跨境电商企业可以优化供应链管理、提升客户服务体验、增强数据安全性,从而提高整体运营效率与竞争力。例如,利用人工智能算法进行智能推荐,提高商品匹配度与用户满意度;通过大数据分析消费者行为,精准制定营销策略;利用区块链技术确保交易数据的透明性与不可篡改性,保障交易安全。技术创新不仅有助于提升跨境电商企业的核心竞争力,还能推动整个生态的智能化升级,为可持续发展奠定坚实基础。

(三)社会责任履行:促进跨境电商与社会的和谐共生

跨境电商企业在追求经济效益的同时,也应积极履行社会责任,促进与社会的和谐共生。这包括关注劳工权益、推动公平贸易、参与公益事业等多个方面。跨境电商企业应确保供应链中的劳工权益得到保障，遵守国际劳工标准，反对童工与强迫劳动。同时，跨境电商企业应积极推广公平贸易理念，支持发展中国家的小农户与手工艺人，促进贸易的公平性与可持续性。此外，跨境电商企业还应积极参与公益事业，如教育支持、灾害救援等，回馈社会，提升品牌形象。社会责任的履行不仅能够增强企业的社会认同感与公信力，还能为跨境电商生态的可持续发展注入正能量。

（四）国际合作深化：构建跨境电商的全球治理体系

跨境电商的全球化特征决定了其可持续发展离不开国际合作的深化。各国政府、国际组织、跨境电商企业等应共同努力，构建跨境电商的全球治理体系。这包括加强国际规则制定与协调、推动跨境数据流动与保护、促进贸易便利化等多个方面。各国政府应加强沟通与协商，共同制定跨境电商的国际规则与标准，减少贸易壁垒与摩擦。同时，应推动跨境数据流动与保护机制的建立与完善，确保数据的安全性与隐私性。此外，各国还应加强在海关、税务、支付等方面的合作与协调，简化通关流程、降低税费负担、提高支付效率等，以促进贸易便利化。国际合作的深化不仅能够为跨境电商生态的可持续发展提供有力保障，还能推动全球经济的繁荣与发展。

第四章 产品策略与选品艺术

第一节 跨境电商产品特性分析

一、跨境电商产品的国际适应性

(一)跨境电商产品的文化适应性

在跨境电商领域,产品的文化适应性是确保产品在国际市场成功推广的关键因素之一。不同国家和地区拥有独特的文化背景、审美观念和价值体系,这些差异直接影响着消费者的购买决策。因此,跨境电商企业在选品和产品设计时,必须充分考虑目标市场的文化特点,确保产品能够符合当地消费者的文化偏好和接受度。

文化适应性要求企业深入研究目标市场的文化细节,包括语言习惯、色彩偏好、符号意义、节日庆典等,以便在产品命名、包装设计、广告宣传等方面做出恰当的调整。例如,某些颜色或图案在某些文化中可能代表吉祥、幸福,而在其他文化中则可能具有负面含义。因此,企业在产品设计中应避免使用可能引起误解的元素,同时融入目标市场所喜爱的文化元素,以增强产品的亲和力和吸引力。

(二)跨境电商产品的法律合规性

跨境电商产品的国际销售涉及多个国家和地区的法律法规,确保产品的法律合规性是跨境电商企业必须面对的重要挑战。不同国家在产品安全、质量认证、知识产权保护、进出口限制等方面有着不同的标准和要求,跨境电商企业需要全面了解并遵守这些规定,以避免法律风险和不必要的损失。

为了确保法律合规性,跨境电商企业应建立健全的合规管理体系,包括设立专门的合规部门或岗位、制定合规手册和操作流程、加强员工培训等措施。同时,企业还应积极寻求专业机构的帮助和支持,如聘请法律顾问、参与行业协会组织的合规培训等,以获取最新的法律法规信息和专业指导。此外,企业还应定期审查和更新其合规政策和措施,以应对不断变化的法律环境。

(三)跨境电商产品的技术兼容性

随着科技的不断发展,跨境电商产品的技术兼容性也成为一个不可忽视的问题。不同国家和地区在技术标准、电压制式、通信协议等方面存在差异,这可能导致某些产品在不同市场无法正常使用或需要额外的适配器。为了确保产品在国际市场上的广泛适用性和用户体验的顺畅性,跨境电商企业需要关注并解决产品的技术兼容性问题。

技术兼容性要求企业在产品设计和生产过程中充分考虑国际标准和市场需求,采用通用技术和标准接口,以减少产品在不同市场间的差异和障碍。同时,企业还应关注目标市场的特定技术标准和规定,如电压制式、插头类型等,以便在产品上市前进行相应的调整和优化。此外,企业还可以与当地的合作伙伴或技术提供商建立合作关系,共同解决技术兼容性问题,提升产品的国际竞争力。

(四)跨境电商产品的市场需求匹配度

跨境电商产品的市场需求匹配度是衡量产品成功与否的重要标准之一。市场需求匹配度高的产品能够迅速获得消费者的认可和青睐,实现销售额增长。因此，跨境电商企业在选品和产品开发过程中，必须深入了解目标市场的消费者需求、消费习惯和消费趋势，确保产品能够精准满足市场需求。

为了提升产品的市场需求匹配度，跨境电商企业可以采用多种方法和手段进行市场调研和分析。例如，通过社交媒体、电商平台、专业机构等渠道收集消费者的反馈和意见；利用大数据分析技术挖掘消费者的购买行为和偏好；邀请行业专家进行市场预测和趋势分析等。基于这些信息和数据，企业可以制定出更加精准的产品定位和营销策略，以更好地满足市场需求并实现销售目标。同时，企业还应保持敏锐的市场洞察力，及时调整产品线和市场策略以应对市场变化。

二、产品差异化与市场需求匹配

（一）跨境电商产品特性的多维度解析

在跨境电商领域，产品特性是连接消费者需求与市场供给的桥梁，其复杂性与多样性远超传统贸易模式。首先，从产品的国际化视角来看，跨境电商产品需具备全球适应性。这意味着产品不仅要符合目标市场的安全标准、质量认证及法律法规要求，还需考虑文化差异、消费习惯及审美偏好。例如，食品类产品需通过各国严格的食品安全检测，而电子产品则需遵循不同地区的电磁兼容性标准。此外，产品包装、说明书等也应进行本地化调整，以确保信息的准确传达与消费者的良好体验。

其次，跨境电商产品的创新性至关重要。在全球化竞争日益激烈的背景下，独特的产品设计、先进的技术应用或新颖的功能特性能够迅速吸引消费者眼球，提升品牌竞争力。企业需不断研发新产品，或对现有产品进行迭代升级，以满足市场不断变化的需求。同时，利用大数据分析消费者行为，精准定位市场缺口，也是实现产品创新的有效途径。

再次，跨境电商产品的物流特性不容忽视。由于跨境交易涉及长距离运输、多环节清关及复杂的物流网络，产品的可运输性、耐储存性及包装保护成为关键。企业需选择适合跨境运输的包装材料，优化包装设计以减少破损率，并合理安排库存与物流计划，确保产品能够安全、快速地送达消费者手中。

最后，跨境电商产品的售后服务特性同样重要。跨境购物往往伴随着语言障碍、时差问题及退换货流程复杂等挑战，因此，提供高效、便捷的售后服务成为提升消费者满意度和忠诚度的关键。企业应建立完善的售后服务体系，包括多语言客服支持、灵活的退换货政策以及快速响应机制，以消除消费者的后顾之忧。

（二）市场需求匹配的策略与实践

实现产品差异化与市场需求的有效匹配，是跨境电商成功的关键。首先，深入市场调研是前提。企业需通过问卷调查、社交媒体分析、竞争对手研究等多种方式，全面了解目标市场的消费者需求、购买习惯及偏好变化。同时，关注行业动态、政策导向及经济趋势，为产品策略的制定提供有力支持。

其次，精准定位目标市场与消费群体。基于市场调研结果，企业需明确自身产品的竞争优势与差异化特点，并据此选择最适合的目标市场与消费群体。通过细分市场，企业可以更加精准地满足特定群体的需求，提高市场占有率和盈利能力。

再次，灵活调整产品策略以适应市场需求变化。市场需求是动态变化的，企业需保持敏锐的市场洞察力，及时捕捉市场信号并做出相应调整。例如，根据季节变化调整产品线、根据消费者反馈优化产品设计或根据市场趋势开发新产品等。同时，加强与供应商的沟通与合作，确保产品供应的稳定性和灵活性。

最后，强化品牌建设与营销推广。在跨境电商领域，品牌是企业与消费者之间建立信任与忠诚的桥梁。企业需注重品牌形象的塑造与传播，通过高质量的产品、优质的服务以及有效的营销策略来提升品牌知名度和美誉度。同时，利用社交媒体、搜索引擎优化、内容营销等多种渠道进行宣传推广，吸引更多潜在消费者关注和购买。

综上所述，跨境电商产品特性的多维度解析与市场需求匹配的策略与实践是相辅相成的。企业需从产品特性出发，深入挖掘市场需求并灵活调整策略以实现差异化竞争和可持续发展。

三、产品定价策略与利润空间

（一）跨境电商产品特性的多维度解析

在探讨跨境电商产品定价策略与利润空间之前，深入理解其产品特性是不可或缺的基础。跨境电商产品相较于传统国内市场商品，展现出独特的多元化与复杂性。首先，从地域性差异来看，跨境电商产品跨越国界，面向全球消费者，这要求产品具备高度的文化适应性与地域兼容性。例如，食品类产品需符合进口国的食品安全标准；电子产品则需考虑不同国家的电压规格与语言界面设置。这种地域性差异不仅增加了产品开发的难度，也影响了定价策略的灵活性。

其次，跨境电商产品的更新换代速度极快，技术革新与时尚潮流的快速传播促使消费者追求最新、最潮的商品。这要求商家不仅要快速响应市场需求，还需在定价上体现产品的时效性与稀缺性，以吸引消费者眼球并促进销售。同时，产品的多样性与个性化定制服务也是跨境电商的一大亮点，虽然能够满足不同消费者的独特需求，进一步拓宽市场边界，但也对供应链管理、成本控制及定价策略提出了更高要求。

再次，跨境电商产品还面临着物流运输、关税政策、汇率波动等外部因素的挑战。这些因素不仅直接影响产品的最终售价，还关系到商家的利润空间与风险承受能力。因此，在制定定价策略时，必须充分考虑这些外部变量的影响，灵活调整价格策略以应对市场变化。

最后，跨境电商平台的数据分析能力为产品特性分析提供了强有力的支持。通过大数据分析，商家可以精准洞察消费者行为、预测市场趋势,从而更科学地制订产品策略与定价方案。这种基于数据的决策方式,不仅提高了定价的精准度,还有效降低了市场风险,为商家创造了更大的利润空间。

(二)定价策略的制定与调整

跨境电商产品的定价策略是商家实现盈利目标的关键。在制定定价策略时,商家需综合考虑成本、市场需求、竞争态势、品牌形象及消费者心理等多种因素。成本导向定价法作为最基础的方法,要求商家在覆盖成本的基础上,根据预期利润率设定价格。然而,在跨境电商领域,单纯依赖成本导向往往难以应对复杂多变的市场环境。

因此,商家还需采用市场导向定价法,即根据市场需求与消费者支付意愿来设定价格。这要求商家深入了解目标市场的消费习惯、购买力水平及竞争对手的价格策略,以制定出既具有竞争力又能实现盈利的价格。同时,差异化定价策略也是跨境电商中常见的手段,商家可根据产品特性、消费者群体或销售渠道的不同,实施差异化定价,以实现最大化利润空间。

此外,动态定价策略也是跨境电商领域的一大趋势。商家可根据市场反馈、库存状况及促销活动等因素,灵活调整价格,以应对市场变化。这种定价方式要求商家具备高度的市场敏感性与快速反应能力,以确保价格策略的有效性与时效性。

(三)利润空间的管理与优化

利润空间是商家经营活动的核心关注点之一。在跨境电商领域,由于涉及环节众多、风险复杂,利润空间的管理与优化显得尤为重要。首先,商家需通过精细化成本管理,降低采购成本、物流成本及运营成本等,以扩大利润空间。这要求商家建立完善的成本控制体系,对各项费用进行严格监控与合理分配。

其次,商家还需注重提高产品附加值,以增强市场竞争力与盈利能力。通过技术创新、品质提升、品牌塑造及客户服务优化等手段,提升产品整体价值,从而吸引更多消费者并提升销售价格。同时,商家还应关注消费者需求的变化趋势,及时推出符合市场需求的新产品或服务,以拓展市场空间并增加收入来源。

最后,商家还需加强库存管理与供应链协同,以优化资源配置并提高运营效率。通过精准的库存预测与快速响应机制,减少库存积压与浪费;同时,与供应商、物流服务商等合作伙伴建立紧密的合作关系,实现信息共享与协同作业,降低运营成本并提高整体效益。

(四)风险防控与可持续发展

在跨境电商领域,风险防控是保障商家可持续发展的重要环节。商家需密切关注国际贸易政策、汇率波动、市场变化等外部风险因素,及时制定应对措施以减轻风险影响。同时,商家还需加强内部风险防控机制建设,完善财务管理、合规经营及信息安全等方面的制度措施,确保经营活动的稳健运行。

在追求利润最大化的同时,商家还需注重社会责任与可持续发展。通过环保生产、节能减排、公平贸易等举措,积极履行社会责任并提升品牌形象;同时,关注消费者需求与社会发展趋势的变化趋势,不断创新产品与服务模式以满足市场需求并推动行业健康发展。只有这样,商家才能在竞争激烈的跨境电商市场中立于不败之地并实现长期稳健发展。

四、产品质量与合规性要求

(一)跨境电商产品特性的多维度解析

在跨境电商领域,产品的特性不仅决定了其市场竞争力,还直接影响到企业的合规运营与长期发展。首先,从产品的国际化适应性来看,跨境电商产品需具备高度的全球化兼容性。这意味着产品在设计、功能、使用说明等方面需考虑不同国家和地区的文化、习惯、法律法规差异，以确保产品能够在全球范围内顺畅流通。例如，电子产品需符合国际安全标准（如 CE、FCC、UL 等），食品及化妆品则需通过相关国家的进口检验和认证，确保不含有违禁成分。此外，产品包装也应采用通用语言或提供多语言说明，以便国际消费者理解和使用。

其次，跨境电商产品的创新性是吸引海外消费者的重要因素。在全球化市场中，同质化竞争日益激烈，具有独特设计、技术创新或功能升级的产品往往能脱颖而出。企业需不断投入研发，开发符合国际市场趋势的新产品，或是对现有产品进行改良升级，以满足消费者日益增长的个性化需求。同时，利用大数据和人工智能技术分析消费者行为，精准定位市场需求，也是提升产品竞争力的关键。

再次，跨境电商产品的物流与仓储管理特性不容忽视。跨境物流涉及复杂的国际运输、报关清关、仓储配送等环节，对产品的包装、尺寸、重量等均有特殊要求。产品需具备耐运输、易包装的特性，以减少运输过程中的损坏率，同时降低物流成本。此外，合理的库存管理策略也是保证产品供应稳定性和快速响应市场需求的重要手段。通过建立海外仓或利用第三方物流服务商的仓储服务，企业可以实现本地化配送，缩短交货时间，提升客户满意度。

最后，跨境电商产品的售后服务与退换货政策也是其特性之一。由于跨境交易的特殊性，消费者在购买过程中可能面临语言障碍、文化差异、退换货不便等问题。因此，提供多语言客服支持、明确的退换货政策以及便捷的售后服务渠道，对于增强消费者信任、提升品牌形象至关重要。企业应建立完善的售后服务体系，确保消费者在遇到问题时能够得到及时有效的解决。

（二）跨境电商产品的合规性要求深度剖析

跨境电商的合规性要求涉及多个层面，是保障企业合法经营、规避法律风险的重要基石。首先，从海关与税务合规性来看，跨境电商企业必须严格遵守各国海关的进出口规定，准确申报商品信息、价值及关税，避免逃税漏税行为。同时，还需了解并遵守不同国家的税收政策，合理规划税务结构，降低税务负担。此外，跨境电商平台及企业还需关注国际贸易协定、关税同盟等多边贸易政策的变化，以利用政策优惠，拓展市场空间。

其次，知识产权保护是跨境电商合规性的重要组成部分。在全球化的市场环境中，知识产权侵权事件频发，给企业带来巨大经济损失和法律风险。跨境电商企业应建立完善的知识产权保护机制，包括注册商标、专利、版权等，防止产品被仿冒或侵权。同时，加强供应链管理，确保供应商不生产或销售侵权产品，维护自身品牌形象和合法权益。

再次，数据保护与隐私合规也是跨境电商不可忽视的问题。随着大数据和云计算技术的广泛应用，跨境电商企业在运营过程中会收集大量消费者数据。这些数据涉及个人隐私和敏感信息，必须得到妥善保护。企业应遵守相关国家和地区的数据保护法律法规，如欧盟的GDPR（通用数据保护条例），建立健全的数据安全管理制度，采取加密、访问控制、定期审计等措施，确保数据不被泄露、滥用或非法处理。

最后，广告宣传与营销的合规性同样重要。跨境电商企业在进行产品推广时，需遵循各国广告法、消费者权益保护法等法律法规，确保广告内容的真实性、合法性，不得进行虚假宣传、误导消费者。同时，还需关注社交媒体、电子邮件等新型营销渠道的合规要求，避免侵犯用户权益或引发法律纠纷。跨境电商企业可通过加强内部培训、建立合规审查机制等措施，提升企业的合规意识和能力。

第二节 市场调研与需求分析

一、目标市场与消费者画像

（一）目标市场的精准定位与细分

在跨境电商的产品策略与选品艺术中，目标市场的精准定位与细分是首要且关键的一环。这一过程要求企业深入理解全球市场的复杂性，通过详尽的市场调研，识别出具有潜力的细分市场，并据此制定针对性的市场进入策略。

首先，企业需明确自身的核心竞争力与产品优势，这是定位目标市场的基础。通过 SWOT 分析（优势、劣势、机会、威胁），企业可以清晰地认识到自己在全球市场中的位置，以及哪些细分市场最能发挥其优势。例如，若企业擅长技术创新与高品质制造，则可能更倾向于定位在追求品质与创新的高端市场。

其次，企业需对全球市场进行广泛而深入的调研，了解不同地区的经济水平、消费习惯、文化偏好、政策法规等因素。这些因素将直接影响产品的市场需求、接受度以及销售潜力。通过收集并分析这些信息，企业可以初步筛选出几个具有潜力的目标市场。

再次，企业需对这些潜在市场进行细分。细分市场的依据可以包括地理位置、人口统计特征（如年龄、性别、收入等）、心理特征（如生活方式、价值观等）以及行为特征（如购买频率、品牌忠诚度等）。通过细分市场，企业可以更精确地把握不同消费群体的需求差异，为后续的产品定制与营销策略提供有力支持。

最后，企业需根据自身的资源与能力，选择最符合自身发展目标与战略定位的细分市场作为目标市场。这一过程需要综合考虑市场需求、竞争状况、进入壁垒以及长期发展趋势等多种因素,确保企业能够在目标市场中获得持续竞争优势。

(二)消费者画像的构建与深化

在明确目标市场后,构建并深化消费者画像是企业制定精准营销策略、提升产品吸引力的关键步骤。消费者画像是对目标市场中典型消费者的综合描述,包括其基本信息、需求偏好、购买行为等多个维度。

首先,企业需收集目标市场中消费者的基本信息,如年龄、性别、职业、收入等。这些信息有助于企业形成对消费者群体的初步认知,为后续深入分析打下基础。

其次,企业需深入了解消费者的需求偏好。这包括消费者对产品的功能需求、性能要求、外观设计、价格敏感度等方面的偏好。通过问卷调查、社交媒体分析、消费者访谈等多种方式,企业可以获取大量关于消费者需求偏好的一手数据。

最后,企业需分析消费者的购买行为。这包括消费者的购买频率、购买渠道、购买决策过程、品牌忠诚度等方面的信息。通过分析这些信息,企业可以了解消费者在购买过程中的心理变化与行为特征,为制定针对性的营销策略提供有力支持。

在构建消费者画像的过程中,企业还需注意保持画像的动态性与灵活性。随着市场环境的变化和消费者需求的不断演变,消费者画像也需要不断更新和完善。企业需建立定期的市场监测机制,及时捕捉市场变化与消费者需求的新趋势,确保消费者画像始终与实际情况保持高度一致。

通过构建并深化消费者画像,企业可以更加精准地把握目标市场中消费者的需求与期望,为产品定制、营销推广、客户服务等各个环节提供有力支持。同时,消费者画像也是企业制定长期发展战略、优化资源配置的重要依据。

二、竞品分析与市场定位

（一）全面剖析竞品，洞察市场格局

在跨境电商领域，竞品分析是市场调研与需求分析中不可或缺的一环。通过对竞品进行全面剖析，企业能够深入了解市场格局，明确自身在市场中的位置，并据此制定差异化竞争策略。

首先，企业需识别并列出主要竞品。这包括直接竞品（功能、价格、目标市场等方面与企业产品高度相似的产品）和间接竞品（虽不完全相同，但在某些方面存在竞争关系的产品）。通过广泛的市场调研和消费者反馈收集，企业可以形成一份详尽的竞品清单。

其次，企业需对竞品进行深入分析。这包括竞品的产品特性、价格策略、销售渠道、市场份额、品牌知名度等多个方面。通过对这些信息的综合评估，企业可以了解竞品的优势与劣势，以及其在市场中的表现情况。例如，某些竞品可能以高性价比著称，而另一些则可能凭借独特的创新功能或品牌影响力占据市场领先地位。

最后，企业需关注竞品的动态变化。市场是不断变化的，竞品也在不断地调整其策略以应对市场挑战。因此，企业需要建立竞品监测机制，定期收集并分析竞品的新产品发布、价格调整、营销策略变化等信息。这有助于企业及时把握市场动态，预测市场趋势，并据此调整自身的产品策略和市场定位。

通过全面剖析竞品，企业可以清晰地看到市场中的竞争格局和机会点。在此基础上，企业可以制定差异化的竞争策略，如通过技术创新、品质提升、价格优势或品牌塑造等方式来脱颖而出，从而在市场中占据有利位置。

（二）精准市场定位，明确竞争优势

在竞品分析的基础上，精准的市场定位是企业制定有效产品策略

和选品艺术的关键。市场定位不仅关乎企业的市场进入策略，还直接影响到企业的品牌形象、产品定价、营销推广等各个方面。

首先，企业需要明确自身的目标市场和消费群体。通过对目标市场的深入了解和消费者画像的构建，企业可以清晰地知道自身产品所面向的消费群体及其需求特点。这有助于企业在产品设计和营销策略上更加贴近消费者需求，提升产品的市场吸引力。

其次，企业需要确定自身的竞争优势。竞争优势是企业相对于竞品所具备的独特优势或能力。这可以体现在产品创新、品质控制、成本效率、品牌影响力等多个方面。通过竞品分析，企业可以明确自身与竞品之间的差异化特点，并据此确定自身的竞争优势。

再次，企业需要将竞争优势转化为市场定位。市场定位是企业根据自身竞争优势和市场需求所确定的市场位置和品牌形象。清晰的市场定位有助于企业在消费者心中树立独特的品牌形象和价值主张，从而增强消费者的购买意愿和忠诚度。

最后，企业需要通过一系列的市场营销活动来巩固和强化市场定位。这包括产品推广、品牌建设、渠道拓展、客户服务等多个方面。通过持续的市场营销活动，企业可以不断提升品牌知名度和美誉度，增强消费者的品牌认知和品牌忠诚度，从而进一步巩固和强化自身的市场定位。

三、消费者需求变化趋势预测

（一）技术革新引领消费者需求新趋势

在当今快速变化的科技时代，技术革新正以前所未有的速度推动着消费者需求的演变。随着人工智能、物联网、大数据等技术的不断成熟与应用，消费者对于产品的智能化、个性化、便捷化需求日益增长。

首先，智能化成为消费者需求的重要趋势。消费者期望产品能够具备自我学习、自我优化、智能交互等能力，以提升生活品质和效率。

例如，智能家居产品通过语音控制、远程操控等功能，实现了家居环境的智能化管理，极大地提升了居住体验。

其次，个性化定制服务成为消费者追求的新方向。随着消费者对产品差异化、个性化的需求不断增加，企业需提供多样化的定制选项，以满足消费者的独特需求。这种趋势在服装、鞋履、配饰等时尚领域尤为明显，消费者希望通过个性化定制展现自我风格和品味。

最后，便捷化体验是消费者始终关注的需求点。随着生活节奏的加快，消费者对于产品的使用便捷性、操作简便性提出了更高的要求。企业需不断优化产品设计，简化操作流程，提升用户体验，以赢得消费者的青睐。

（二）环保意识驱动绿色消费潮流

在全球环境问题日益严峻的背景下，环保意识已成为消费者决策的重要因素。绿色消费潮流的兴起，不仅反映了消费者对环境保护的关注，也推动了企业向更加可持续的生产方式转型。

首先，消费者对环保材料的需求不断增加。他们更倾向于选择使用可再生、可降解或低污染材料制成的产品，以减少对环境的负面影响。因此，企业在产品设计和生产过程中需积极采用环保材料，满足消费者的绿色需求。

其次，节能减排成为消费者关注的重要指标。消费者在购买产品时，会关注其能效等级、碳排放量等环保指标，以评估其对环境的影响。企业需不断提升产品的能效水平，降低碳排放量，以符合消费者的环保要求。

最后，循环利用和二手市场也逐渐受到消费者的关注。消费者开始更加重视资源的有效利用和产品的可持续使用。企业可通过推出回收计划、二手交易平台等方式，促进产品的循环利用和可持续发展。

（三）健康意识提升带动健康消费增长

随着生活水平的提高和健康观念的普及，消费者对健康消费的关注度不断提升。他们更加注重产品的健康性、安全性和功能性，以满足对健康和品质生活的追求。

首先，健康食品、保健品等产品的市场需求持续增长。消费者倾向于选择富含营养、无添加、低糖低脂等健康属性的食品，以维持身体健康。企业需关注消费者的健康需求，研发和生产符合健康标准的产品。

其次，健康监测和运动健身设备成为消费热点。随着智能穿戴设备的普及和健身文化的兴起，消费者越来越注重个人健康数据的监测和运动锻炼的效果。企业可推出具有创新功能和高性价比的健康监测和运动健身设备，以满足消费者的健康需求。

最后，心理健康和情绪管理也成为消费者关注的重要领域。随着工作压力和生活节奏的加快，消费者对于心理健康的重视程度不断提高。企业可提供相关的心理健康服务或产品，帮助消费者缓解压力、调节情绪。

（四）社交媒体与数字化营销影响消费者决策路径

在数字化时代，社交媒体和数字化营销已成为影响消费者决策的重要渠道。消费者通过社交媒体了解产品信息、分享使用体验、参与品牌互动等方式，形成对产品的初步认知和态度。

首先，社交媒体成为消费者获取产品信息的重要来源。消费者在社交媒体上关注品牌账号、参与话题讨论、浏览用户评价等，以获取更多关于产品的信息。企业需加强在社交媒体上的内容营销和用户互动，提升品牌曝光度和用户黏性。

其次，数字化营销手段影响消费者的购买决策。企业通过搜索引擎优化、社交媒体广告、电子邮件营销等方式，向目标消费者精准推送产品信息和优惠活动，引导其进行购买决策。企业需不断优化数字化营销策略和工具，提升营销效果和用户转化率。

最后，消费者对于口碑和评价的重视程度日益提高。他们在购买前会查看其他用户的评价和推荐，以评估产品的质量和性价比。因此，企业需注重产品质量和服务体验的提升，积极收集并处理用户反馈，以维护良好的品牌形象和口碑。

四、市场细分与差异化策略

（一）深入理解市场细分的重要性

市场细分是企业在复杂多变的市场环境中，为了更有效地满足消费者需求、提高市场竞争力而采取的一种策略。通过市场细分，企业能够将整个市场划分为若干个具有相似需求、购买行为和特征的消费者群体，从而更加精准地定位目标市场，制订差异化的产品策略与营销方案。

市场细分的重要性体现在多个方面。首先，它有助于企业发现市场机会，识别出未被满足或未被充分满足的消费需求，为企业带来新的增长点。其次，市场细分有助于企业优化资源配置，将有限的资源集中于最具潜力的目标市场，提高市场投入的效率与回报。此外，市场细分还有助于企业制定差异化的竞争策略，通过满足不同消费者群体的独特需求，建立和维护竞争优势。

（二）市场细分的维度与方法

市场细分可以从多个维度进行，包括地理因素、人口统计因素、心理因素和行为因素等。地理因素主要关注消费者所在的地理位置、气候条件等；人口统计因素涉及消费者的年龄、性别、收入、职业等基本信息；心理因素关注消费者的生活方式、价值观、兴趣爱好等内在特征；行为因素则关注消费者的购买行为、使用习惯、品牌忠诚度等外在表现。

在进行市场细分时，企业可以采用多种方法，如聚类分析、因子分析、判别分析等统计方法，以及问卷调查、深度访谈、焦点小组讨论等市场调研手段。这些方法有助于企业收集并分析消费者数据，挖掘出消费者之间的相似性和差异性，从而形成清晰的市场细分方案。

（三）差异化策略的制定与实施

基于市场细分的结果，企业可以制订差异化的产品策略与营销方案。差异化策略的核心在于满足不同消费者群体的独特需求，通过提供具有差异化的产品或服务，建立和维护竞争优势。

在制定差异化策略时，企业需要关注产品、价格、渠道和促销等四个方面。在产品方面，企业可以通过创新设计、改进功能、提升品质等方式，提供具有差异化优势的产品；在价格方面，企业可以根据不同消费者群体的支付能力和价格敏感度，制定差异化的定价策略；在渠道方面，企业可以选择适合目标市场的销售渠道和分销模式，提高产品的市场覆盖率和渗透率；在促销方面，企业可以运用多种营销手段，如广告、公关、销售促进等，提升品牌知名度和美誉度，吸引和留住消费者。

差异化策略的实施需要企业具备敏锐的市场洞察力、强大的创新能力和高效的执行力。企业需要持续关注市场动态和消费者需求变化，及时调整和优化差异化策略；同时，企业还需要加强内部管理，提升产品质量和服务水平，确保差异化策略的有效实施。

（四）差异化策略的评估与调整

差异化策略的实施效果需要进行定期评估和调整。评估的内容包括市场份额、销售增长率、利润率等财务指标，以及消费者满意度、品牌忠诚度等市场指标。通过评估，企业可以了解差异化策略的实施效果和市场反馈，发现存在的问题和不足。

在评估结果的基础上，企业需要对差异化策略进行调整和优化。调整的方向可能重新定位目标市场、调整产品或差异化特点、优化定价策略、拓展销售渠道等。调整的目的是为了更好地满足消费者需求，提高市场竞争力，实现企业的可持续发展。

总之，市场细分与差异化策略是企业制定有效产品策略与选品艺术的重要手段。通过深入理解市场细分的重要性、掌握市场细分的维度与方法、制定并实施差异化策略以及定期评估和调整策略效果，企业可以更加精准地定位目标市场、满足消费者需求、提高市场竞争力并实现可持续发展。

第三节　选品原则与技巧

一、市场需求导向的选品原则

（一）精准捕捉市场需求趋势

在选品过程中，精准捕捉市场需求趋势是首要原则。市场需求是动态变化的，受到经济、文化、技术、社会心理等多种因素的影响。因此，企业需要建立一套敏锐的市场监测机制，持续跟踪和分析市场动态，包括消费者的偏好变化、行业发展趋势、竞争对手动态等。

为了精准捕捉市场需求趋势，企业可以运用多种工具和方法。例如，通过社交媒体、论坛、博客等渠道收集消费者反馈和意见，了解他们的真实需求和期望；利用大数据分析技术，挖掘消费者的购买行为、搜索关键词、浏览记录等数据，预测未来市场的走向；参加行业展会、研讨会等活动，与同行交流信息，获取最新的市场趋势和技术动态。

在捕捉市场需求趋势时，企业还需注意避免盲目跟风或过度依赖历史数据。市场是复杂多变的，历史数据虽能提供一定参考，但往往难以完全预测未来的变化。因此，企业需要保持敏锐的市场洞察力和判断力，结合自身的实际情况和资源优势，做出科学合理的选品决策。

（二）以消费者为中心的产品设计

在选品过程中，以消费者为中心的产品设计原则至关重要。消费者是市场的主体，他们的需求和满意度是企业成功的关键。因此，企业在选品时必须从消费者的角度出发，深入了解他们的需求、偏好、痛点等问题，并据此进行产品设计。

以消费者为中心的产品设计原则要求企业在产品设计过程中注重以下几个方面：一是功能性，即产品必须满足消费者的基本使用需求；二是易用性，即产品应具有良好的用户体验和便捷的操作方式；三是美观性，即产品的外观设计应符合消费者的审美标准；四是性价比，即产品的价格应与其价值相匹配，让消费者感到物有所值。

为了实现以消费者为中心的产品设计原则，企业需要加强与消费者的沟通和互动。可以通过问卷调查、用户访谈、产品试用等方式收集消费者的反馈和建议，不断优化产品设计和改进产品性能。同时，企业还需要关注消费者的情感需求和心理体验，通过打造独特的品牌形象和营造舒适的购物环境等方式提升消费者的满意度和忠诚度。

（三）注重产品的差异化与创新

在选品过程中，注重产品的差异化与创新是提升市场竞争力的重要手段。随着市场竞争的加剧和消费者需求的多样化，企业需要不断推出具有差异化优势和创新特色的产品来吸引消费者的眼球并满足他们的需求。

差异化与创新可以体现在产品的多个方面。例如，在功能设计上可以引入新技术或新功能来提升产品的性能和使用体验；在外观设计上可以采用独特的造型和材质来打造个性化的品牌形象；在营销策略上可以运用新颖的推广方式和渠道来吸引消费者关注和购买。

为了实现产品的差异化与创新，企业需要加强研发投入和技术创新。可以通过与科研机构、高校等合作开展技术研究和产品开发；通过引进先进技术和设备来提升生产效率和产品质量；通过培养创新型人才和团队来激发企业的创新活力和创造力。同时，企业还需要关注市场动态和竞争对手的动向，及时调整和优化自身的产品策略以保持竞争优势。

（四）评估市场潜力与可持续性

在选品过程中，评估市场潜力与可持续性是确保选品成功的重要步骤。市场潜力决定了产品的未来发展空间和盈利能力；而可持续性则关系到企业的长期发展和品牌形象。

评估市场潜力时，企业需要关注市场规模、增长速度、竞争格局等因素。通过收集和分析相关数据和信息，企业可以了解市场的整体情况和发展趋势，从而判断产品的市场潜力和前景。同时，企业还需要考虑自身的资源和能力是否足以支撑产品的开发和推广，以避免因资源不足而导致的失败风险。

评估可持续性时，企业需要关注产品的环保性、社会责任和企业形象等因素。随着环保意识的提升和社会责任感的增强，消费者越来越关注企业的环保行为和社会贡献。因此，企业在选品时需要选择符合环保标准和社会责任要求的产品，并注重企业的品牌形象和声誉管理。这不仅有助于提升企业的社会形象和品牌价值，还有助于吸引更多具有环保意识和社会责任感的消费者。

二、供应链资源评估与整合

（一）供应链资源评估的重要性

在选品过程中，供应链资源的评估是不可或缺的一环。供应链资源涵盖了原材料供应、生产制造、物流配送、仓储管理等各个环节的资源和能力，直接影响到产品的成本、质量、交货期及市场竞争力。因此，对供应链资源进行全面、深入的评估，对于确保选品决策的科学性和合理性至关重要。

供应链资源评估的重要性体现在多个方面。首先，它有助于企业了解自身供应链的现状和问题，识别出潜在的瓶颈和风险点，为后续的供应链优化和整合提供依据。其次，通过供应链资源评估，企业可以更加准确地评估产品的生产成本和利润空间,为制定合理的定价策略和市场定位提供数据支持。此外,供应链资源评估还有助于企业了解供应商的资质和能力,为建立长期稳定的合作关系打下基础。

(二)供应链资源的多元化与稳定性

在评估供应链资源时,多元化与稳定性是两个重要的考量因素。多元化意味着供应链资源来源的多样性,可以降低对单一供应商的依赖风险,提高供应链的灵活性和韧性。稳定性则关乎供应链资源的可靠性和持续性,能够确保产品生产和交付的顺利进行。

为了实现供应链资源的多元化与稳定性,企业需要采取一系列措施。首先,建立广泛的供应商网络,与多家供应商建立合作关系,确保在某一供应商出现问题时能够迅速找到替代方案。其次,加强与供应商的沟通和协作,共同制订生产计划和质量标准,确保供应链各环节之间的顺畅衔接。最后,企业还可以考虑采用多源采购、分散库存等策略来提高供应链的灵活性和韧性。

(三)供应链整合与协同效率

供应链整合是指将供应链各环节的资源和能力进行有效整合和优化配置,以提高整体运作效率和降低成本。协同效率则强调供应链各环节之间的协同作战能力,通过信息共享、流程优化等方式提高供应链的响应速度和竞争力。

在供应链整合与协同效率方面,企业可以从以下几个方面入手:首先,建立统一的供应链信息平台,实现供应链各环节之间的信息共享和实时沟通,提高供应链的透明度和可追溯性。其次,优化供应链流程设计,减少不必要的环节和浪费,提高供应链的运作效率。同时,加强与供应商的协同作战能力,共同应对市场变化和挑战,实现双赢。

（四）供应链风险管理与应对策略

供应链风险是指供应链运作过程中可能遇到的各种不确定性和风险因素，如供应中断、质量问题、物流延误等。这些风险因素可能对产品的生产和交付造成严重影响，甚至威胁到企业的生存和发展。因此，对供应链风险进行有效管理和应对是企业必须面对的重要课题。

在供应链风险管理与应对策略方面，企业需要制订完善的供应链风险管理制度和应急预案。首先，对供应链各环节进行风险评估和识别，确定潜在的风险点和影响因素。其次，根据风险评估结果制定相应的风险应对策略和措施，如建立备用供应商、加强库存管理、优化物流网络等。同时，加强供应链风险监控和预警机制建设，及时发现并应对潜在的风险事件。此外，企业还需要加强与供应链合作伙伴的沟通和协作，共同应对供应链风险挑战。

三、热门趋势与潜力产品的捕捉

（一）洞察市场热门趋势的敏锐性

在快速变化的市场环境中，捕捉热门趋势并据此选品，是企业保持竞争力和增长动力的关键。这需要企业具备敏锐的市场洞察力和敏锐的嗅觉，能够及时发现并了解市场中的新兴趋势、消费者偏好的变化以及技术革新等因素对市场的影响。

为了提升洞察市场热门趋势的敏锐性，企业可以采取多种策略。首先，建立多渠道的信息收集体系，包括社交媒体监测、行业报告分析、消费者调研等，以确保获取全面、及时的市场信息。其次，培养专业的市场分析团队，他们应具备深厚的行业知识和数据分析能力，能够深入挖掘数据背后的含义，预测市场趋势的发展。最后，企业还应保持开放的心态，积极关注跨界合作和新兴领域的发展，以获取新的灵感和视角。

（二）分析潜力产品的多维度视角

在捕捉到市场热门趋势后，企业需要进一步分析哪些产品具有成为潜力产品的可能性。这需要从多个维度进行考量，包括市场需求、竞争环境、技术可行性、成本效益等。

首先，企业需评估市场需求的大小和增长速度，判断产品是否能够满足消费者的真实需求并具备足够的市场空间。其次，分析竞争环境，了解同类产品的市场表现、竞争格局以及自身产品的差异化优势。同时，考虑技术可行性，确保产品能够在技术上实现并达到预期的性能和质量。最后，进行成本效益分析，评估产品的生产成本、销售价格以及预期的利润空间，确保产品在经济上具有可行性。

（三）创新与差异化在潜力产品中的体现

在竞争激烈的市场中，创新与差异化是潜力产品脱颖而出的关键。企业需要在产品设计、功能、用户体验等方面不断探索新的可能性，以创造出具有独特价值和吸引力的产品。

为了在产品中体现创新与差异化，企业可以关注消费者未被满足的需求和痛点，通过技术创新或设计创新来提供解决方案。例如，开发具有新功能或改进现有功能的产品、采用独特的材料或工艺提升产品品质、创造独特的品牌形象和营销策略等。此外，企业还可以关注跨界融合的趋势，将不同领域的技术或元素融合在一起，创造出具有全新体验和价值的产品。

（四）持续监测与灵活调整的策略

市场趋势和消费者需求是不断变化的，因此企业需要建立持续监测与灵活调整的策略来应对这些变化。通过定期收集和分析市场数据、消费者反馈以及竞争对手动态等信息，企业可以及时了解市场变化并做出相应调整。

在持续监测方面，企业可以建立完善的市场监测体系和数据收集机制，确保获取准确、全面的市场信息。同时，加强与消费者的沟通和互动，收集他们的意见和建议以了解产品使用的实际情况和潜在需求。在灵活调整方面，企业需要根据市场变化及时调整产品策略和推广计划，以确保产品始终符合市场需求并保持竞争优势。例如，根据消费者反馈优化产品设计、调整价格策略或改变营销策略等。通过持续监测与灵活调整的策略，企业可以不断适应市场变化并抓住新的市场机遇。

四、选品过程中的风险评估与规避

（一）市场风险评估的全面性

在选品过程中，对市场风险进行全面评估是至关重要的。市场风险涉及多个方面，包括但不限于市场需求波动、消费者偏好变化、竞争对手动态、政策法规调整等。这些因素都可能对产品的市场表现和盈利能力产生重大影响。

为了进行全面的市场风险评估，企业需建立系统的风险识别机制，通过市场调研、数据分析、专家咨询等手段，全面收集相关信息并进行分析。同时，企业应关注宏观经济环境、行业发展趋势及技术革新等外部因素，以预测未来市场可能的变化趋势。此外，企业还需深入了解竞争对手的产品布局、市场策略及其实力，以评估市场竞争的激烈程度和潜在威胁。

（二）供应链风险评估的细致性

供应链风险是选品过程中不可忽视的另一重要方面。供应链涉及原材料采购、生产制造、物流配送等多个环节，任何一个环节的问题都可能对产品的供应和质量造成影响。

在评估供应链风险时，企业应注重细致性。首先，对供应商进行严格的资质审核和评估，确保其具备稳定的生产能力和良好的质量控制体系。其次，关注供应链中的关键节点和薄弱环节，如原材料供应的稳定性、生产设备的可靠性、物流配送的及时性等，制定相应的风险应对措施。最后，企业还需与供应商建立紧密的合作关系，加强信息共享和沟通协调，以共同应对供应链中的不确定性因素。

（三）法律合规风险的规避

在选品过程中，确保产品符合相关法律法规的要求是企业必须遵循的原则。法律合规风险不仅可能导致产品被下架或召回，还可能给企业带来严重的经济损失和声誉损害。

为了规避法律合规风险，企业需加强对产品相关法律法规的学习和掌握，确保产品在设计、生产、销售等各个环节都符合法律法规的要求。同时，企业应建立完善的内部合规体系，加强对产品合规性的审核和监督，确保产品信息的真实性和准确性。此外，企业还需关注国际贸易规则和政策变化，以确保出口产品符合目标市场的法律法规要求。

（四）灵活应对风险与持续监控的策略

面对选品过程中的各种风险，企业需制定灵活应对的策略和持续监控的机制。首先，企业应建立风险预警系统，及时发现潜在的风险因素并发出预警信号。其次，针对不同类型的风险制订相应的应对措施和预案，如市场需求下降时调整营销策略、供应链中断时寻找替代供应商等。同时，企业需加强内部管理和团队建设，提升员工的风险意识和应对能力。

在持续监控方面，企业应定期评估选品策略的执行情况和市场反馈，及时调整和优化选品策略。同时，加强与消费者的沟通和互动，了解他们的需求和反馈以指导产品的改进和创新。此外，企业还需关注行业动态和竞争对手的动向以保持敏锐的市场洞察力。通过灵活应对风险与持续监控的策略，企业可以在复杂多变的市场环境中保持稳健的发展态势。

第四节　产品差异化与品牌建设

一、产品差异化策略的制定

（一）明确产品差异化的核心价值

在制定产品差异化策略时，首要任务是明确产品的核心价值，即产品为何能够区别于竞争对手并吸引目标消费者。这一核心价值应基于深入的市场调研和消费者需求分析，确保与消费者的真实需求紧密相连。

明确产品差异化的核心价值意味着要深入挖掘产品的独特卖点，这些卖点可以是技术创新、功能优化、设计美学、品牌故事或是用户体验的显著提升。企业应通过细致的市场分析和消费者洞察，找出那些能够触动消费者内心、满足其深层次需求的产品特性，并围绕这些特性构建差异化的品牌形象和市场定位。

（二）构建差异化的产品特性与功能

差异化的产品特性与功能是产品差异化策略的核心组成部分。企业应通过技术创新、设计优化等手段，不断提升产品的独特性和竞争力。

在技术方面，企业可以关注行业前沿技术动态，积极引入新技术、新材料、新工艺，以提升产品的性能和质量。例如，开发具有更高效率、更低能耗、更环保特性的产品；或者通过智能化、物联网等技术手段，为用户提供更加便捷、智能的使用体验。

在设计方面，企业应注重产品的外观、结构、人机交互等方面的创新。通过独特的设计语言、人性化的操作界面和舒适的使用体验，打造具有辨识度和吸引力的产品形象。同时，企业还可以将品牌文化和价值观融入产品设计中，增强产品的情感连接和认同感。

（三）强化品牌差异化与消费者共鸣

品牌差异化是产品差异化策略的重要延伸。一个强大的品牌不仅能够提升产品的附加值和市场竞争力，还能够与消费者建立深厚的情感联系和共鸣。

为了强化品牌差异化，企业需要构建独特的品牌形象和个性。这包括明确品牌的核心价值观、使命愿景以及品牌故事；通过一致的视觉识别系统、品牌传播渠道和营销活动来传递品牌信息；建立积极的品牌口碑和消费者信任。

同时，企业还需要关注消费者的需求和偏好变化，及时调整品牌策略以适应市场变化。通过深入了解消费者的生活方式、价值观和消费习惯等信息，企业可以更加精准地定位品牌目标市场并制定相应的营销策略。例如，开展定制化服务、举办品牌活动或参与社会公益事业等方式来增强品牌与消费者的互动和联系。

（四）持续优化与迭代产品差异化策略

产品差异化策略并非一成不变，而是需要随着市场环境和消费者需求的变化而不断优化和迭代。企业应建立持续的产品研发和创新机制，保持对市场动态的敏锐洞察和快速响应能力。

在持续优化产品差异化策略的过程中，企业需要关注以下几个方面：一是关注竞争对手的动态和策略变化，及时调整自身策略以保持竞争优势；二是关注消费者需求和偏好的变化趋势，及时调整产品特性和功能以满足市场需求；三是关注行业技术发展趋势和创新方向，积极引入新技术和新材料以提升产品竞争力；四是加强内部管理和团队建设，提升员工的创新意识和创新能力以推动产品持续升级和改进。

通过持续优化与迭代产品差异化策略，企业可以不断提升产品的独特性和竞争力，在激烈的市场竞争中脱颖而出并取得成功。

二、品牌故事的构建与传播

（一）品牌故事的深度挖掘与核心价值提炼

品牌故事是品牌与消费者之间情感连接的桥梁，它不仅仅是企业历史的简单回顾，更是品牌理念、价值观与核心竞争力的深刻体现。在构建品牌故事时，企业需深入挖掘品牌背后的故事元素，如创始人的初心、品牌成长的历程、关键转折点上的决策与坚持等，这些元素共同构成了品牌独特的精神内核。

同时，企业需提炼出品牌故事中的核心价值，即那些能够触动消费者内心、引起共鸣并引领品牌发展的核心理念。这些核心价值包括创新、品质、责任、梦想等，它们不仅是品牌区别于竞争对手的标识，也是品牌长期发展的动力源泉。

（二）品牌故事的创意表达与情感共鸣

品牌故事的创意表达是吸引消费者关注并产生情感共鸣的关键。企业需通过富有创意的叙述方式、生动的视觉呈现以及恰当的情感渲染，将品牌故事转化为引人入胜的叙事体验。这要求企业具备敏锐的洞察力，能够准确把握目标消费者的心理需求，将品牌故事与消费者的生活场景、情感体验紧密结合，从而激发消费者的共鸣和认同感。

在创意表达的过程中，企业还需注重故事的连贯性和逻辑性，确保品牌故事能够清晰地传达出品牌的核心价值和理念。同时，企业还需关注故事的文化内涵和时代特征，确保品牌故事能够与消费者的文化背景和时代精神相契合，从而增强品牌的吸引力和影响力。

（三）多渠道传播策略与受众精准定位

品牌故事的传播需要借助多元化的渠道和精准的受众定位来实现。企业应根据品牌特性和目标市场的特点，选择合适的传播渠道和方式，如社交媒体、线下活动、广告投放等，以确保品牌故事能够广泛覆盖目标受众并产生良好的传播效果。

在受众精准定位方面，企业需通过市场调研和数据分析等手段，深入了解目标消费者的兴趣爱好、消费习惯、媒体接触习惯等信息，以便在传播过程中能够精准地触达目标受众并引发其关注和兴趣。同时，企业还需关注不同渠道和目标受众的差异化需求，制定差异化的传播策略和内容呈现方式，以提升传播的针对性和有效性。

（四）品牌故事的持续更新与迭代

品牌故事并非一成不变，而是需要随着品牌发展和市场变化而不断更新和迭代。企业应保持对品牌故事的敏锐洞察和创新能力，及时捕捉市场趋势和消费者需求的变化，对品牌故事进行适时的调整和完善。

在持续更新与迭代过程中，企业应关注以下几个方面：一是保持品牌故事的连贯性和一致性，确保新旧故事之间能够相互衔接并共同支撑品牌的核心价值和理念；二是注重品牌故事的时效性和创新性，及时引入新的元素和亮点以吸引消费者的关注和兴趣；三是关注消费者的反馈和意见，及时调整品牌故事的叙述方式和内容呈现方式以更好地满足消费者的需求和期望；四是加强品牌故事的内部传承和外部传播，通过内部培训和外部合作等方式将品牌故事传递给更多的员工和合作伙伴以扩大品牌的影响力。

三、提升产品附加值与用户体验

（一）深化产品功能与设计，提升核心价值

提升产品附加值的首要任务是深化产品的功能与设计，以增强其核心竞争力和吸引力。企业应持续关注市场需求和消费者偏好的变化，通过技术创新和设计优化，不断提升产品的性能、质量和外观。在产

品功能上，可以引入新的技术元素，如智能化、自动化、物联网等，使产品更加便捷、高效、个性化。同时，优化产品的使用流程和界面设计，提升用户的使用体验和满意度。

设计方面，企业应注重产品的美学价值和情感共鸣。通过独特的外观设计、色彩搭配和材质选择，打造具有辨识度和吸引力的产品形象。此外，将品牌文化和价值观融入产品设计中，使产品不仅仅是物质上的满足，更是精神层面的享受和认同。

（二）强化服务与售后支持，构建全方位用户体验

除了产品本身的功能与设计外，服务与售后支持也是提升用户体验和附加值的重要因素。企业应建立完善的服务体系和售后支持机制，为消费者提供全方位、高质量的服务体验。这包括售前咨询、产品使用指导、故障维修、退换货服务等各个环节。

在售前咨询阶段，企业应提供专业的产品介绍和选购建议，帮助消费者了解产品的特点和优势；在产品使用阶段，企业应提供详细的使用说明和操作指南，确保消费者能够正确使用产品并发挥其最大效用；在售后阶段，企业应及时响应消费者的需求和反馈，快速解决产品使用过程中遇到的问题和困难。通过强化服务与售后支持，企业能够建立与消费者之间的信任和依赖关系，提升品牌的忠诚度和口碑。

（三）打造个性化与定制化服务，满足消费者多元化需求

随着消费者需求的日益多元化和个性化，提供个性化与定制化服务已成为提升产品附加值和用户体验的重要手段。企业应深入了解消费者的需求和偏好，通过数据分析、市场调研等手段，精准把握消费者的心理和行为特征。基于此，企业可以推出个性化定制服务，如产品外观定制、功能配置定制等，让消费者根据自己的喜好和需求来选择和定制产品。

个性化与定制化服务不仅能够满足消费者的个性化需求，还能够增强产品的独特性和差异化竞争力。同时，这种服务方式也能够提升消费者的参与感和归属感，使其更加珍视和认同品牌。

（四）建立用户反馈机制，持续优化产品与用户体验

建立用户反馈机制是提升产品附加值和用户体验的关键环节。企业应建立有效的用户反馈渠道和平台，积极收集消费者的意见和建议。通过对用户反馈的分析和整理，企业能够及时发现产品在使用过程中存在的问题和不足，进而进行针对性的改进和优化。

同时，用户反馈也是企业了解市场需求和消费者偏好的重要途径。通过持续跟踪和分析用户反馈数据，企业能够把握市场趋势和消费者需求的变化方向，为产品的升级换代和新品研发提供有力支持。

建立用户反馈机制需要企业具备高度的责任心和敬业精神。企业应认真对待每一位消费者的反馈和建议，及时回应并解决问题。同时，企业还应将用户反馈纳入产品开发和改进的全过程中，形成闭环管理的良好机制。只有这样，企业才能够不断提升产品的附加值和用户体验，赢得消费者的信任和支持。

四、品牌保护与维权措施

（一）强化品牌注册与知识产权保护

品牌保护与维权的第一步是强化品牌注册与知识产权保护。企业应积极申请商标注册、专利保护、著作权登记等，确保品牌名称、标识、产品设计、技术成果等核心元素在法律上得到明确和有效的保护。通过完善的注册程序，企业可以确立品牌的法律地位，防止他人侵权和抄袭，为后续的维权行动奠定坚实的法律基础。

在知识产权保护方面，企业需建立健全的内部管理制度，加强对员工的知识产权培训，确保员工在研发、设计、生产等各个环节都能尊重和保护知识产权。同时，企业还需密切关注市场动态，及时发现并应对侵权行为，通过法律手段维护自身权益。

（二）构建品牌监测与预警机制

为了有效应对品牌侵权和假冒行为，企业需要构建完善的品牌监测与预警机制。这包括设立专门的品牌监测团队或委托第三方机构，对市场上出现的与品牌相关的信息进行全面、及时的监测和分析。监测范围应覆盖线上线下的各种渠道，包括电商平台、社交媒体、实体店等，以确保不漏过任何可能的侵权行为。

通过品牌监测，企业可以及时发现侵权线索，并对潜在的侵权风险进行评估和预警。一旦发现侵权行为，企业应立即启动维权程序，采取法律手段制止侵权行为，防止损害进一步扩大。

（三）加强品牌宣传与消费者教育

品牌宣传与消费者教育是提升品牌知名度和影响力、增强消费者品牌忠诚度的重要手段，同时也是品牌保护与维权的重要环节。企业应通过多渠道、多形式的宣传方式，向消费者传递品牌的正面形象和价值理念，提高消费者对品牌的认知和认同度。

在消费者教育方面，企业应注重培养消费者的品牌意识和维权意识。通过宣传品牌知识、教授辨别真伪产品的方法等，帮助消费者提高自我保护能力，避免购买到假冒伪劣产品。同时，企业还应鼓励消费者积极举报侵权行为，共同维护市场秩序和品牌形象。

（四）建立快速响应与协同作战的维权体系

面对品牌侵权和假冒行为，企业需要建立快速响应与协同作战的维权体系。这包括制订完善的维权流程和应急预案，确保在发现侵权行为后能够迅速行动、有效应对。同时，企业还需加强与政府部门、行业协会、法律机构等相关方的沟通与协作，形成合力共同打击侵权行为。

在维权过程中，企业应注重证据的收集和保全工作。通过技术手段和法律手段相结合的方式，确保侵权证据的真实性和有效性。同时，企业还需注重维权策略的灵活性和多样性，根据侵权行为的性质和严重程度采取不同的维权手段，以达到最佳的维权效果。

此外，企业还应关注国际市场的品牌保护问题。随着全球化的深入发展，品牌保护已成为跨国企业面临的共同挑战。企业需要加强与国际知识产权组织和相关国家的合作与交流，共同打击跨国侵权行为，维护自身在国际市场上的品牌形象和合法权益。

第五节 产品生命周期管理与迭代

一、产品生命周期理论概述

（一）产品生命周期理论的基本概念与重要性

产品生命周期理论是市场营销与产品管理领域中的核心概念之一，它揭示了产品从诞生到退出市场的整个过程中经历的各个阶段及其特征。该理论强调，任何产品都会经历引入期、成长期、成熟期和衰退期这四个阶段，每个阶段都伴随着市场需求、竞争态势、营销策略及企业利润等关键要素的变化。

理解产品生命周期理论的重要性在于，它为企业提供了制定和调整产品策略的科学依据。通过识别产品当前所处的生命周期阶段，企业可以更加精准地把握市场趋势，合理配置资源，制定有效的营销策略，从而延长产品的生命周期，提高市场竞争力。

（二）各阶段的特征与应对策略

1.引入期：产品初入市场，知名度低，销量有限，企业需投入大量资源进行市场推广和品牌建设。此阶段，企业应注重产品差异化，突出产品特色，通过创新营销手段吸引消费者关注。同时，密切关注市场反馈，及时调整产品以满足消费者需求。

2. 成长期：产品逐渐被市场接受，销量快速增长，企业开始获得显著利润。此时，企业应加大生产规模、降低成本、提高产品质量和服务水平，以巩固市场地位。同时，积极扩大市场份额，抵御潜在竞争者的进入。

3. 成熟期：产品市场趋于饱和，销量增长放缓，竞争加剧。企业需通过差异化竞争策略，如产品创新、品牌塑造、渠道拓展等，保持市场份额。此外，加强内部管理，提高运营效率，以应对利润空间的压缩。

4. 衰退期：产品市场需求下降，销量减少，企业利润大幅下滑。在此阶段，企业应积极寻找替代品或转型方向，减少资源投入，避免过度竞争导致的损失。同时，妥善处理库存和客户关系，维护企业品牌形象。

（三）产品生命周期管理的意义与挑战

产品生命周期管理对企业而言具有重要意义。通过科学管理产品生命周期，企业可以更加合理地规划产品开发和市场推广计划，优化资源配置，提高经营效率。同时，有助于企业及时应对市场变化，调整产品策略，保持竞争优势。

然而，产品生命周期管理也面临诸多挑战。一方面，市场环境复杂多变，消费者需求日益多样化，企业需具备敏锐的市场洞察力和快速反应能力；另一方面，产品技术的更新换代速度加快，企业需要不断创新以应对技术挑战。此外，企业内部管理、团队协作等方面的问题也可能影响产品生命周期管理的效果。

（四）产品迭代与持续改进的策略

在产品生命周期的任一阶段，产品迭代与持续改进都是保持竞争力的关键。企业应持续关注市场动态和消费者需求变化，通过技术创新、设计优化、功能升级等方式推动产品迭代。同时，建立健全的产品反馈机制，及时收集和处理用户意见和建议，为产品改进提供有力支持。

在持续改进的过程中，企业应注重保持产品的核心价值和品牌定位不变，避免盲目跟风或频繁改动导致品牌形象模糊。此外，加强与供应商、合作伙伴等的沟通与协作，共同推动产品迭代和产业升级也是重要策略之一。通过持续优化产品性能和用户体验，企业可以延长产品生命周期，提高市场占有率和品牌忠诚度。

二、产品引入期策略与操作

（一）市场调研与精准定位

在产品引入期，首要任务是进行深入的市场调研，以全面了解目标市场的需求和竞争态势。通过问卷调查、访谈、数据分析等手段，收集消费者的偏好、购买习惯、支付意愿等信息，为产品定位提供有力依据。同时，分析竞争对手的产品特点、市场份额、营销策略等，找出差异化竞争优势。

基于市场调研结果，对产品进行精准定位。明确产品的目标消费群体、核心价值主张、差异化卖点等，确保产品在众多选项中脱颖而出。定位时，要充分考虑市场需求与产品特性的匹配度，以及品牌形象的长期塑造。

（二）创新营销策略与品牌建设

引入期是品牌建设和消费者认知的关键时期。企业应采用创新的营销策略，提高产品的市场曝光度和认知度。利用社交媒体、内容营销、KOL合作等新兴渠道，结合线下活动、展会、试用装派发等传统方式，全方位、多角度地传播产品信息。

同时，注重品牌建设的长远规划。通过一致的视觉识别系统、品牌故事讲述、情感连接等方式，塑造独特的品牌形象和个性。总之，确保所有营销活动都围绕品牌核心价值展开，强化品牌记忆点，提高消费者的品牌忠诚度。

(三）渠道拓展与布局优化

在引入期，渠道的选择和布局对产品销售至关重要。企业应根据产品特性和目标消费群体，选择合适的销售渠道。对于新兴消费品，可以优先考虑电商平台、社交媒体等线上渠道；对于传统耐用品，则需加强线下实体店、专卖店等渠道的建设。

同时，注重渠道布局的优化。合理配置资源，确保各渠道之间的协同效应最大化。对于表现优异的渠道，加大投入力度，巩固市场地位；对于表现不佳的渠道，及时调整策略或寻求替代方案。通过渠道拓展与布局优化，实现销售网络的全面覆盖和高效运作。

(四）成本控制与风险管理

在引入期，由于销量有限且营销投入较大，成本控制和风险管理显得尤为重要。企业应制订详细的预算计划，对各项费用进行严格把控。通过优化生产流程、降低采购成本、提高运营效率等方式，降低产品成本。

同时，建立健全的风险管理机制。密切关注市场变化和政策调整对产品销售的影响，制订应急预案以应对潜在风险。加强内部控制和财务管理，确保资金链的安全和稳定。此外，还应关注竞争对手的动态和消费者反馈，及时调整产品策略和市场布局以应对不确定性因素。

综上所述，产品引入期的策略与操作需要企业在市场调研、营销策略、渠道拓展和成本控制等方面做出全面而细致的规划。通过精准定位、创新营销、优化渠道和严格控制成本等措施，企业可以顺利度过产品引入期的挑战，为后续的成长和成熟奠定坚实基础。

三、产品成长期与成熟期的优化

（一）深化市场渗透与份额扩张

在产品进入成长期与成熟期后，企业应将重心转向深化市场渗透与扩大市场份额。这意味着需要更加精准地把握目标市场的变化，通过持续的营销活动增强消费者对产品的认知与偏好。企业可以加大广告投放力度，特别是在目标消费群体高度集中的媒体平台上，以高频次、高质量的广告内容吸引并留住消费者。同时，利用口碑营销、社交媒体传播等低成本高效益的方式，激发消费者的自发推荐，进一步扩大品牌影响力。

在扩大市场份额方面，企业需积极开拓新市场，包括地理上的新市场、细分市场的拓展以及新应用领域的探索。通过市场细分，企业可以更加精准地定位潜在消费者，推出符合其需求的产品或服务。此外，与渠道伙伴建立更紧密的合作关系，共同开展市场推广活动，也是提升市场份额的有效途径。

（二）产品创新与差异化策略

在成长期与成熟期，市场竞争日益激烈，产品同质化现象严重。为了保持竞争优势，企业需不断推动产品创新，通过技术升级、功能优化、设计改进等方式，提升产品的核心竞争力。同时，实施差异化策略，使产品在众多同类产品中脱颖而出。差异化可以体现在产品性能、服务质量、品牌形象等多个方面，企业应结合自身优势和市场需求，选择最适合的差异化路径。

在创新过程中，企业应注重研发投入，建立完善的创新机制，鼓励员工提出创新想法并付诸实践。同时，企业应加强与科研机构、高校等外部创新资源的合作，共同推动技术进步和产品升级。

（三）优化供应链管理与成本控制

随着产品销量的增长，供应链管理的复杂性和重要性也日益凸显。企业需优化供应链管理流程，提高供应链的响应速度和灵活性，确保产品能够及时、准确地送达消费者手中。同时，加强与供应商的合作与沟通，建立长期稳定的合作关系，降低采购成本并提高供应链的整体效率。

在成本控制方面，企业应实施精细化管理，对生产、物流、营销等各个环节的成本进行严格控制。通过优化生产流程、提高生产效率、降低能耗等方式，降低产品成本。同时，加强财务管理和内部控制，确保资金的安全和有效利用。

（四）客户关系管理与售后服务提升

在成长期与成熟期，客户关系管理成为企业保持竞争优势的关键。企业应建立完善的客户数据库，记录客户的购买行为、偏好、反馈等信息，为个性化营销和精准服务提供数据支持。同时，加强客户沟通与交流，建立互信关系，提高客户满意度和忠诚度。

在售后服务方面，企业应注重提升服务质量和服务效率。建立完善的售后服务体系，包括快速响应机制、专业维修团队、便捷的退换货流程等，确保消费者在购买产品后能够得到及时、有效的支持和服务。通过优质的售后服务，企业可以赢得消费者的信任和口碑传播，进一步巩固市场地位。

四、产品衰退期的处理与迭代策略

（一）衰退期市场分析与策略调整

当产品进入衰退期，市场需求逐渐减弱，销售额和利润下滑，企业需进行深入的市场分析，以了解衰退背后的根本原因。这包括消费者需求的变化、技术进步导致的替代品出现、市场竞争加剧等。基于以上这些分析，企业需灵活调整产品策略，以应对市场变化。

策略调整包括缩减生产规模以降低成本、调整价格策略以刺激需求、优化渠道布局以覆盖更多潜在消费者，或是重新定位产品以吸引新的目标市场。重要的是，这些调整需迅速而精准，以最大限度地延缓衰退过程，甚至为产品找到新的增长点。

（二）产品迭代与升级路径

面对衰退期的挑战，产品迭代与升级成为企业重振旗鼓的关键。企业需评估现有产品的技术基础、市场反馈及用户需求，明确迭代升级的方向和重点。迭代升级可能涉及技术改进、功能增强、外观设计更新等方面，旨在提升产品性能、满足消费者不断变化的需求。

在迭代升级过程中，企业应保持敏锐的市场洞察力，关注行业趋势和竞争对手动态，确保产品升级能够引领潮流或至少与市场保持同步。同时，加强研发投入，构建创新机制，鼓励团队不断探索新技术、新材料、新工艺的应用，为产品迭代升级提供源源不断的动力。

（三）资源重新配置与成本优化

在衰退期，企业需对资源进行重新配置，以确保资源的高效利用和成本的最优化。这包括调整生产线的布局、优化供应链管理、减少不必要的开支等。通过重新配置资源，企业可以集中力量于最有潜力的产品或领域，同时降低整体运营成本，提高经营效率。

在成本优化方面，企业需深入分析成本结构，找出成本控制的薄弱环节，并采取有效措施加以改进。例如，通过谈判降低原材料采购成本、优化生产流程减少浪费、提高设备利用率降低折旧费用等。此外，企业还应加强财务管理和内部控制，确保资金的安全和有效利用。

(四)探索新领域与转型机会

当产品衰退趋势难以逆转时,企业应积极探索新的业务领域和转型机会。这包括开发新产品、进入新市场、拓展新的业务模式等。通过多元化经营和战略转型,企业可以降低对单一产品或市场的依赖风险,实现业务的可持续发展。

在探索新领域和转型过程中,企业需保持开放的心态和敏锐的市场洞察力。关注行业趋势和消费者需求的变化,寻找潜在的商业机会。同时,加强内部管理和团队建设,提升企业的创新能力和应变能力。通过不断的试错和迭代优化,企业可以逐步构建起新的业务生态和竞争优势,实现从衰退到复兴的华丽转身。

第五章　跨境电商营销策略

第一节　数字营销基础与策略制定

一、数字营销的概念与特点

（一）数字营销的定义与范畴

数字营销作为现代市场营销的重要分支，是指利用数字技术、互联网平台和移动通信等先进手段，通过创建、传播和交换数字内容，以实现营销目标的一种综合性策略。它打破了传统营销的地域限制，使得营销活动能够在全球范围内进行，极大地拓宽了市场边界。数字营销不仅涵盖了搜索引擎优化（SEO）、社交媒体营销、电子邮件营销等基于互联网的营销策略，还扩展到了非互联网的数字渠道，如短信营销、数字电视广告等，形成了一个多元化的营销体系。

数字营销的核心在于其数字化特性，即利用数字技术和数据分析来优化营销活动的效率和效果。通过对消费者行为的深入洞察和精准分析，数字营销能够实现对目标受众的定制化传播，提高营销信息的针对性和有效性。这种以数据为驱动的营销方式，使得企业能够更加精准地把握市场脉搏，及时调整营销策略，以应对市场的快速变化。

(二)数字营销的主要特点

1. 精准性:数字营销通过收集和分析消费者的行为数据,能够精准地识别目标受众的需求和偏好,从而实现精准投放。这种精准性不仅提高了营销信息的到达率,还降低了营销成本,提高了营销效率。

2. 互动性:数字营销强调与消费者的双向互动,通过社交媒体、在线论坛等渠道,企业可以实时了解消费者的反馈和意见,及时调整产品和服务。这种互动性不仅增强了消费者的参与感和忠诚度,还为企业提供了宝贵的市场信息。

3. 实时性:数字营销能够实时监测和分析营销活动的效果,根据市场反馈和数据变化,迅速调整营销策略。这种实时性使得企业能够迅速应对市场变化,抓住稍纵即逝的营销机会。

4. 全球化:数字营销打破了地域限制,使得企业能够轻松地将产品和服务推向全球市场。通过多语言网站、国际社交媒体平台等渠道,企业可以触达全球范围内的潜在消费者,实现品牌的全球化传播。

(三)数字营销的技术支撑

数字营销的发展离不开先进技术的支撑。搜索引擎技术、大数据分析技术、人工智能技术等的应用,为数字营销提供了强大的技术支持。搜索引擎技术使得企业能够通过优化网站内容和结构,提高网站在搜索引擎中的排名,从而增加曝光度和流量;大数据分析技术使得企业能够深入挖掘消费者行为数据,洞察市场需求和趋势;人工智能技术能够自动化处理海量数据,提高营销活动的效率和精准度。

(四)数字营销的策略制定与实施

制定一个有效的数字营销策略,需要企业深入了解自身产品和目标受众的特点,明确营销目标和预算,选择合适的数字营销渠道和工具。在实施过程中,企业需要密切关注市场变化和消费者反馈,及时调整营销策略和方案。同时,企业还需要注重数字营销效果的监测和评估，通过数据分析来评估营销活动的成效，为未来的营销活动提供有益的参考和借鉴。

综上所述，数字营销作为现代市场营销的重要组成部分，具有精准性、互动性、实时性和全球化等特点。它依托于先进技术的支撑，通过制定和实施有效的营销策略，帮助企业实现品牌的全球化传播和市场的快速拓展。在未来的发展中，数字营销将继续发挥其独特的优势和作用，为企业创造更多的商业价值和社会价值。

二、目标市场与营销目标设定

（一）深入理解目标市场

在跨境电商营销策略的制定中，深入理解目标市场是首要且关键的一步。这不仅仅是对市场规模、增长潜力等宏观数据的掌握，更包括对目标市场消费者行为、偏好、文化背景、购买习惯等深层次的理解。企业需通过市场调研、数据分析等手段，构建出目标市场的详细画像，包括消费者的年龄、性别、收入水平、教育程度等基本信息，以及他们对产品的需求、购买决策过程、品牌忠诚度等关键要素。这样的深入理解有助于企业更精准地定位自己的产品和服务，制定更符合市场需求的营销策略。

（二）明确营销目标

基于对目标市场的深入理解，企业需要明确自身的营销目标。这些目标应当具体、可衡量、可达成，并与企业的整体战略方向相一致。常见的营销目标包括提高品牌知名度、增加网站流量、提升转化率、扩大市场份额、提高客户满意度和忠诚度等。在设定目标时，企业需充分考虑市场环境、竞争态势、自身资源等因素，确保目标的合理性和可行性。同时，营销目标应具有一定的挑战性，以激发团队的积极性和创造力，推动企业不断向前发展。

（三）营销目标与市场细分的匹配

为了确保营销目标的有效实现，企业还需将营销目标与市场细分相结合。市场细分是指根据消费者的不同需求和特征，将整个市场划分为若干个具有相似需求和特征的子市场。企业应根据自身的产品特性和竞争优势，选择适合的目标细分市场，并针对不同细分市场制定差异化的营销策略。通过市场细分和差异化营销，企业可以更加精准地满足消费者的需求，提高营销活动的针对性和有效性，进而实现营销目标。

（四）营销目标的动态调整与优化

市场环境是不断变化的，因此企业的营销目标也需要随之进行动态调整和优化。企业需密切关注市场动态和消费者反馈，及时分析营销活动的成效和不足之处，并根据分析结果对营销目标进行必要的调整。这种动态调整和优化不仅有助于企业更好地应对市场变化，提高营销活动的适应性和灵活性，还有助于企业不断积累经验，提升营销能力和水平。同时，企业还需保持对新技术、新趋势的敏锐洞察，积极探索新的营销手段和方法，以不断创新和完善自身的营销策略。

综上所述，目标市场与营销目标的设定是数字营销策略制定的重要环节。通过深入理解目标市场、明确营销目标、实现营销目标与市场细分的匹配以及进行营销目标的动态调整与优化，企业可以制定出更加符合市场需求、更具针对性和有效性的营销策略，从而在激烈的市场竞争中脱颖而出，实现可持续发展。

三、营销策略框架与规划

（一）营销策略框架的构建

在跨境电商营销策略的制定过程中，构建一个清晰、全面的营销策略框架是至关重要的。这一框架应作为整个营销活动的蓝图，指导企业在不同阶段、不同环节的决策与行动。首先，框架需明确营销的核心目标，即企业希望通过营销活动达到什么样的市场效果。其次，围绕这一目标，框架应细化出多个关键策略领域，如品牌塑造、市场定位、产品推广、渠道建设、客户服务等，每个领域都应设定具体的策略目标和实施路径。最后，框架还需考虑资源分配、时间规划、风险评估与应对等方面，确保营销策略的可行性和有效性。

（二）市场定位与差异化策略

市场定位是营销策略框架中的核心要素之一。在跨境电商领域，面对全球范围内的激烈竞争，企业需通过精准的市场定位来明确自身的竞争优势和差异化特点。这要求企业深入了解目标市场的消费者需求、竞争对手的优劣势以及行业发展趋势，从而找到适合自己的市场位置。差异化策略则是实现市场定位的关键手段，企业可通过产品创新、服务优化、品牌形象塑造等方式来区别于竞争对手，吸引并留住目标消费者。

（三）多渠道整合营销策略

在数字营销时代，多渠道整合已成为跨境电商营销策略的重要趋势。企业需充分利用各种数字营销渠道，如社交媒体、搜索引擎、电子邮件、内容营销等，构建全方位、多层次的营销网络。多渠道整合营销策略要求企业在不同渠道间保持信息的一致性和连贯性，同时根据各渠道的特点和受众群体制定差异化的营销策略。通过跨渠道的数据共享和分析，企业可以更加精准地了解消费者行为，优化营销效果，提升整体营销效率。

（四）营销效果评估与持续优化

营销策略的制定并非一蹴而就，而是一个持续迭代、不断优化的过程。因此，建立科学的营销效果评估体系对于提升营销策略的有效性至关重要。企业需设定明确的评估指标，如品牌知名度、网站流量、转化率、客户满意度等,通过数据分析来评估营销活动的成效。同时,企业还需关注市场反馈和消费者行为的变化,及时调整营销策略以应对市场变化。此外,企业还应建立跨部门、跨团队的协作机制,确保营销策略的顺利执行和持续优化。通过不断的试错、学习和改进,企业可以不断提升自身的营销能力和市场竞争力。

综上所述,跨境电商营销策略框架与规划是一个复杂而系统的过程,需要企业从多个方面进行综合考虑和规划。通过构建清晰的营销策略框架、明确市场定位与差异化策略、实施多渠道整合营销策略以及建立科学的营销效果评估体系,企业可以制定出更加符合市场需求、更具针对性和有效性的营销策略,从而在跨境电商领域取得更大的成功。

四、营销效果评估与调整

(一)营销效果评估的重要性

在跨境电商营销策略的执行过程中,营销效果评估是不可或缺的一环。它不仅是对过去营销活动成果的总结与反思,更是对未来营销策略调整与优化的重要依据。通过科学、系统的评估,企业能够清晰地了解营销活动在品牌知名度、市场渗透率、销售额增长、客户忠诚度等方面的实际成效,从而判断营销策略是否达到预期目标。这种基于数据的评估方式,有助于企业摆脱主观臆断,做出更加客观、准确的决策。

(二)评估指标体系的构建

为了全面、准确地评估营销效果,企业需要构建一套科学合理的评估指标体系。该体系应涵盖多个维度,包括但不限于品牌曝光度(如社交媒体关注度、搜索引擎排名)、市场反应(如点击率、转化率、复购率)、客户反馈(如满意度调查、投诉率)、财务表现(如销售额、利润率、ROI）等。这些指标相互关联、相互印证，共同构成了评估营销活动效果的综合框架。企业应根据自身实际情况和营销目标，灵活选择和调整评估指标，确保评估结果的全面性和准确性。

（三）数据分析与解读

在收集到足够的评估数据后，企业需运用专业的数据分析工具和方法，对数据进行深入挖掘和解读。这包括对数据进行清洗、整理、分类、统计等预处理工作，以及运用统计学、数据挖掘等高级分析方法，揭示数据背后的规律和趋势。通过数据分析，企业可以发现营销活动中的亮点与不足，识别出影响营销效果的关键因素，为后续的策略调整提供有力支持。同时，企业还需注意数据的时效性和准确性，确保分析结果的可靠性和有效性。

（四）营销策略的调整与优化

基于营销效果的评估结果和数据分析的洞察，企业需对现有的营销策略进行必要的调整与优化。这包括但不限于调整市场定位、优化产品组合、改进推广方式、拓展营销渠道等方面。在调整过程中，企业应保持敏锐的市场洞察力，密切关注市场动态和消费者需求的变化，确保调整后的策略能够更好地适应市场环境和满足消费者需求。同时，企业还需注重策略调整的灵活性和可操作性，确保调整后的策略能够得到有效执行和落地。此外，企业还应建立持续的评估与调整机制，形成闭环管理，不断推动营销策略的优化升级，以实现企业的长期发展目标。

综上所述，营销效果评估与调整是跨境电商营销策略制定与执行过程中的重要环节。通过构建科学合理的评估指标体系、运用专业的数据分析工具和方法，以及基于评估结果的策略调整与优化，企业可以不断提升营销活动的针对性和有效性，实现营销目标的最大化。同时，这种基于数据的决策方式也有助于企业建立更加科学、系统的营销管理体系，为企业的可持续发展奠定坚实基础。

第二节　SEO 与 SEM 在跨境电商中的应用

一、SEO 优化技巧与策略

（一）关键词研究与优化

在跨境电商的 SEO 优化中，关键词研究与优化是基石。关键词是用户搜索意图的直接体现，也是搜索引擎判断网页内容相关性的重要依据。因此，深入研究并精准选择关键词对于提升网站排名至关重要。企业需借助专业的关键词分析工具，如 Google Keyword Planner、Ahrefs 等，挖掘与自身产品或服务高度相关且具有一定搜索量的关键词。在选择关键词时，需考虑关键词的竞争度、搜索意图匹配度以及用户搜索习惯等因素。优化方面，则需在网页标题、描述、正文内容、图片标签等位置合理布局关键词，同时避免过度堆砌，保持内容的自然流畅。此外，随着用户搜索习惯的变化，企业还需定期回顾并更新关键词策略，以保持与市场趋势的同步。

（二）网站结构优化

网站结构是 SEO 优化的另一个核心要素。清晰、合理的网站结构有助于搜索引擎更好地抓取和索引网站内容，提升用户体验，从而增强网站的 SEO 表现。在跨境电商领域，网站结构优化应围绕以下几个方面展开：一是确保网站导航简洁明了，方便用户快速找到所需信息；二是优化 URL 结构，使用简短、含关键词的 URL，避免使用过长、含特殊字符的 URL；三是建立合理的内部链接体系，通过相关链接引导用户浏览更多内容，同时提高搜索引擎对网站内容的爬取效率；四是利用面包屑导航和站点地图等工具，帮助用户和搜索引擎更好地理解网站结构。通过不断优化网站结构，企业可以提升网站的可用性、可访问性和可索引性，为 SEO 优化打下坚实基础。

（三）内容质量与原创性

在 SEO 优化的世界里，内容为王。高质量、原创性的内容不仅能够吸引和留住用户，还能赢得搜索引擎的青睐。跨境电商企业在制定 SEO 策略时，应高度重视内容质量与原创性。一方面，企业需深入了解目标市场的文化背景、消费习惯及行业趋势，创作出符合当地用户需求和喜好的内容；另一方面，企业应坚持原创原则，避免抄袭或复制他人内容，以维护品牌形象和信誉。此外，企业还应注重内容的多样性和更新频率，通过图文、视频、音频等多种形式呈现内容，并定期发布新鲜、有价值的信息，以保持用户的兴趣和关注。通过不断提升内容质量与原创性，企业可以在竞争激烈的跨境电商市场中脱颖而出，赢得更多用户和搜索引擎的认可。

（四）移动优先与用户体验

随着移动互联网的普及和发展，移动优先已成为 SEO 优化的重要趋势。跨境电商企业在制定 SEO 策略时，必须充分考虑移动设备的用户体验。这包括优化网站的移动端布局、提高页面加载速度、确保表单和按钮易于点击等方面。同时，企业还需关注移动用户的搜索习惯和行为特点，如使用语音搜索、依赖位置信息等，并据此调整关键词策略和内容策略。此外，良好的用户体验也是 SEO 优化的关键所在。企业应确保网站界面简洁美观、信息层次分明、操作流程顺畅无阻，以提供愉悦的用户体验。通过不断提升移动优先性和用户体验，企业可以吸引更多移动用户访问网站并转化为潜在客户或实际购买者，进而推动业务增长和品牌发展。

二、关键词研究与布局

（一）深入理解关键词研究的重要性

在跨境电商的 SEO 优化中，关键词研究是整个策略的起点，其重要性不言而喻。关键词不仅是用户搜索意图的直接反映，也是搜索引擎判断网页内容相关性和价值的关键依据。通过深入研究关键词，企业能够准确捕捉目标市场的搜索趋势，理解潜在客户的需求与偏好，进而制定出更加精准、有效的营销策略。此外，关键词研究还能帮助企业发现竞争对手的优、劣势，为后续的 SEO 布局和策略调整提供有力支持。因此，跨境电商企业在制定 SEO 策略时，必须给予关键词研究足够的重视和投入。

（二）关键词的挖掘与筛选

关键词的挖掘与筛选是关键词研究的核心环节。在这一阶段，企业需借助专业的关键词分析工具，如 Google Keyword Planner、SEMrush 等，结合行业特点、产品特性及目标市场等因素，广泛搜集与自身业务相关的关键词。随后，通过对比关键词的搜索量、竞争度、相关性等维度，筛选出符合企业需求的关键词。筛选过程中，企业应注重关键词的多样性和长尾性，避免过度依赖单一热门关键词，以提高网站的曝光率和转化率。同时，企业还需关注关键词的时效性，及时调整和更新关键词库，以适应市场变化。

（三）关键词的布局策略

关键词布局是 SEO 优化中的关键环节，其目的在于合理、有效地将关键词融入网站内容中，提高网页在搜索引擎中的排名。在跨境电商领域，关键词布局应遵循以下几个原则：一是自然融入，即将关键词自然地融入标题、描述、正文、图片标签等位置，避免过度堆砌；

二是重点突出，将主要关键词放在标题、首段等重要位置，以吸引用户和搜索引擎的注意；三是层次分明，根据关键词的重要性和相关性，合理分配关键词在网站各页面和栏目中的分布；四是持续优化，根据关键词排名和网站流量等数据反馈，不断调整和优化关键词布局策略。通过科学合理的关键词布局，企业可以提升网站的整体 SEO 效果，吸引更多潜在客户访问网站。

（四）关键词的监测与分析

关键词的监测与分析是 SEO 优化过程中的重要环节。通过定期监测关键词的排名变化、搜索量波动及竞争对手动态等信息，企业可以及时了解 SEO 策略的实施效果和市场反馈。在此基础上，企业可以进一步分析关键词的表现差异和潜在原因，为后续的 SEO 策略调整和优化提供数据支持。此外，企业还应关注关键词的转化率、跳出率等用户行为数据，以评估关键词的实际价值和贡献度。通过持续的监测与分析工作，企业可以不断优化关键词策略，提升 SEO 效果和市场竞争力。

三、SEM 广告投放与管理

（一）SEM 广告投放的基础认知

在跨境电商营销策略中，SEM（Search Engine Marketing，搜索引擎营销）广告投放是快速获取流量、提升品牌曝光度及促进销售转化的重要手段。SEM 广告投放基于搜索引擎平台，通过竞价排名或展示广告的方式，将企业的产品或服务信息精准推送给潜在用户。这一策略要求企业深入理解搜索引擎的工作原理、用户搜索行为以及竞争对手的投放策略，从而制订出高效、精准的投放计划。SEM 广告投放不仅能够有效提升网站的访问量，还能通过数据分析不断优化广告效果，实现 ROI 的最大化。

(二)精准定位目标受众

成功的 SEM 广告投放离不开对目标受众的精准定位。跨境电商企业需通过市场调研、用户画像构建等手段，明确自身的目标市场、目标用户群体及其搜索习惯和需求。在此基础上，企业可以设定合适的关键词、地域、时间等投放条件，确保广告能够精准触达潜在用户。同时，企业还需关注用户的搜索意图和购买阶段，制定差异化的投放策略，如针对搜索意图明确的用户展示更具针对性的产品广告、针对处于购买决策阶段的用户加强品牌宣传和优惠信息推送等。通过精准定位目标受众，企业可以显著提高广告的点击率和转化率。

(三)广告创意与着陆页优化

广告创意和着陆页是 SEM 广告投放中影响用户体验和转化效果的关键因素。在创意设计上，企业应注重广告的吸引力、相关性和清晰度，通过精练的文案、醒目的图片或视频等元素吸引用户的注意力并激发其点击欲望。同时，广告内容需与用户的搜索意图高度相关，确保用户点击后能够找到满足其需求的信息。在着陆页优化方面，企业应确保着陆页加载速度快、布局合理、信息丰富且易于导航。着陆页内容应与广告创意相呼应，突出产品卖点、优惠信息或品牌特色等关键信息，引导用户完成购买决策或留下联系方式。通过不断优化广告创意和着陆页，企业可以提升用户的浏览体验和转化效率。

(四)数据分析与策略调整

SEM 广告投放是一个动态调整的过程。企业需要借助数据分析工具对广告效果进行实时监测和评估，包括点击率、转化率、ROI 等关键指标。通过数据分析，企业可以了解广告在不同时间、地域、关键词等方面的表现差异和潜在原因，为后续的投放策略调整提供数据支持。在策略调整方面，企业可以根据数据分析结果对关键词、出价、预算等投放参数进行优化调整；同时，也可以尝试新的广告形式、投放渠道或受众定位策略等，以探索更多潜在的市场机会。通过持续的数据分析和策略调整工作，企业可以不断优化 SEM 广告投放效果，实现更高的投资回报率和市场竞争力。

四、SEO 与 SEM 的协同作用

（一）SEO 与 SEM 的互补性解析

在跨境电商营销策略中，SEO（搜索引擎优化）与 SEM（搜索引擎营销）并非孤立存在的策略，而是相辅相成、共同促进的。SEO 侧重于通过优化网站结构、内容质量、用户体验等自然方式提升网站在搜索引擎中的排名，而 SEM 则通过付费广告快速获得曝光和流量。两者在目标上虽有所侧重，但本质上都是为了提高网站的可见性和吸引目标用户。SEO 为 SEM 提供了稳定的自然流量基础，降低了对付费广告的依赖；而 SEM 则为 SEO 提供了即时的市场反馈和流量支持，有助于加速 SEO 效果的显现。这种互补性使得 SEO 与 SEM 在跨境电商营销策略中能够形成合力，共同推动品牌曝光、流量增长和销售转化。

（二）关键词策略的一体化部署

关键词是 SEO 与 SEM 协同作用的核心纽带。在跨境电商营销策略中，企业应制定一体化的关键词策略，确保 SEO 与 SEM 在关键词选择上保持一致性和互补性。这意味着企业需要综合考虑关键词的搜索量、竞争度、相关性及用户搜索意图等因素，筛选出既适合 SEO 优化又适合 SEM 投放的关键词。通过一体化部署关键词策略，企业可以避免 SEO 与 SEM 在关键词选择上的冲突和浪费，实现流量的最大化利用。同时，企业还可以根据 SEO 与 SEM 的数据反馈不断调整和优化关键词策略，提高关键词的精准度和转化率。

（三）用户体验与转化的双重优化

SEO 与 SEM 的协同作用还体现在对用户体验与转化的双重优化上。SEO 通过优化网站结构、内容质量和用户体验等自然方式提升网站的吸引力和用户黏性，为转化提供有力支持。而 SEM 则通过精准投放广告和优化着陆页等方式提高用户的点击率和转化率。在协同作用下，企业可以更加注重用户体验的连贯性和一致性，确保用户在从搜索到点击、再到转化的整个过程中都能获得良好的体验。这不仅可以提高用户的满意度和忠诚度，还可以促进口碑传播和复购率的提升。通过对用户体验与转化的双重优化，企业可以实现 SEO 与 SEM 效果的相互促进和良性循环。

（四）数据分析与策略调整的协同机制

在跨境电商营销策略中，数据分析是指导 SEO 与 SEM 协同作用的关键环节。企业需要建立科学的数据分析体系，对 SEO 与 SEM 的各项数据进行实时监测和深入分析。通过数据分析，企业可以了解 SEO 与 SEM 在流量来源、用户行为、转化率等方面的表现差异和潜在原因，为后续的策略调整提供有力支持。在协同机制下，企业可以根据数据分析结果对 SEO 与 SEM 的投放策略、关键词选择、着陆页优化等方面进行综合调整和优化。这种协同机制有助于企业更加精准地把握市场趋势和用户需求变化，实现 SEO 与 SEM 效果的持续提升和最大化利用。同时，企业还需要保持对 SEO 与 SEM 策略的灵活性和创新性思考，不断探索新的策略和方法以适应市场变化和挑战。

第三节　社交媒体与内容营销

一、社交媒体平台的选择与定位

（一）社交媒体平台的多样性分析

在跨境电商营销策略中，社交媒体平台的选择是至关重要的一步。随着互联网的快速发展，市场上涌现出了众多社交媒体平台，如Facebook、Instagram、Twitter、TikTok、LinkedIn等，它们各具特色，拥有不同的用户群体和使用场景。因此，企业在进行社交媒体平台选择时，需首先进行多样性的分析。这包括对各平台用户规模、用户画像、活跃时段、内容形式等维度的深入了解，以便判断哪些平台与目标市场高度契合，能够为企业带来有效的品牌曝光和流量导入。通过对社交媒体平台多样性的分析，企业可以更加精准地定位自身的营销阵地，为后续策略的制定和实施打下坚实基础。

（二）目标市场与平台特性的匹配度考量

在选择社交媒体平台时，企业还需关注目标市场与平台特性的匹配度。不同地区的消费者可能偏好不同的社交媒体平台，而同一平台在不同地区的用户行为和内容偏好也可能存在差异。因此，企业需深入分析目标市场的文化背景、消费习惯、信息获取渠道等因素，选择与之高度匹配的社交媒体平台。例如，对于年轻消费群体占比较高的市场，Instagram和TikTok等平台可能更具吸引力；而对于B2B市场，LinkedIn则可能是更为合适的选择。通过匹配度考量，企业可以确保所选择的社交媒体平台能够精准触达目标用户，提高营销效果。

(三)平台定位与品牌形象的一致性追求

社交媒体平台不仅是企业展示产品和服务的窗口,更是塑造品牌形象、传递品牌价值观的重要渠道。因此,在进行社交媒体平台选择时,企业还需关注平台定位与品牌形象的一致性。企业应选择那些能够彰显品牌特色、传递品牌理念的平台,避免与品牌形象相悖或无关的平台合作。同时,企业还需在平台内容发布、互动方式等方面保持与品牌形象的一致性,以增强品牌识别度和用户认同感。通过一致性追求,企业可以在社交媒体平台上建立起鲜明的品牌形象,吸引更多潜在用户的关注和信赖。

(四)持续监测与灵活调整的策略实践

社交媒体市场瞬息万变,用户行为和内容偏好也在不断发生变化。因此,企业在选择并定位社交媒体平台后,还需持续监测平台动态和营销效果,并根据实际情况进行灵活调整。这包括关注平台政策变化、用户反馈、竞争对手动态等因素,及时调整营销策略和内容方向;同时,还需根据营销数据分析结果评估各平台的表现和投入产出比,对表现不佳的平台进行优化或替换。通过持续监测与灵活调整的策略实践,企业可以确保社交媒体营销活动的有效性和针对性,实现品牌曝光和销售转化的双重提升。

二、内容营销策略与规划

(一)内容营销的核心价值与战略定位

在跨境电商营销策略中,内容营销占据着举足轻重的地位。其核心价值在于通过高质量、有价值的内容吸引、保留并转化目标受众,同时增强品牌影响力和用户忠诚度。内容营销不仅仅是信息的传递,更是一种情感的连接和价值的共鸣。因此,企业在制定内容营销策略时，首先需要明确其战略定位，即内容营销在整个营销体系中的角色与使命。这包括确定内容营销的目标受众、核心信息、品牌调性以及与整体营销策略的协同关系。通过精准的战略定位，企业能够确保内容营销的方向正确，为后续的规划与执行奠定坚实基础。

（二）内容规划与创意生成机制

内容营销的成功关键在于持续产出高质量、有吸引力的内容。因此，企业需要建立一套完善的内容规划与创意生成机制。这包括对市场趋势、用户需求、竞争对手动态的深入分析，以及基于这些分析确定的内容主题、形式、发布频率等要素。在创意生成方面，企业应鼓励团队成员发挥创新思维，结合品牌特色和市场热点，创作出既符合品牌形象又能引起用户共鸣的内容。同时，企业还可以利用数据分析工具对内容效果进行监测和评估，不断优化内容策略，提升内容质量和用户参与度。

（三）内容多样性与渠道整合策略

在社交媒体与内容营销中，内容的多样性是吸引用户关注的关键。企业应根据目标受众的喜好和平台特性，创作出形式多样、风格各异的内容，如图文、视频、直播、音频等。这些不同形式的内容能够满足用户多样化的信息获取需求，提升用户体验和黏性。同时，企业还需制定一套渠道整合策略，将优质内容通过多个社交媒体平台传播出去，形成多渠道、全方位的营销覆盖。通过渠道整合，企业可以扩大内容的传播范围，提高品牌曝光度和用户触达率。

（四）内容营销效果评估与持续优化

内容营销是一个持续迭代、不断优化的过程。企业需要建立一套科学的效果评估体系，对内容营销的各项指标进行定期监测和评估。这些指标包括内容阅读量、点赞数、分享数、评论数、转化率等，它们能够直观地反映内容营销的效果和用户反馈。通过对这些数据的分析，企业可以了解内容营销的优劣势，识别出用户需求和兴趣的变化趋势，进而对内容策略进行针对性优化。同时，企业还需保持敏锐的市场洞察力和创新精神，不断探索新的内容形式和营销手段，以适应市场变化和用户需求升级。通过持续优化内容营销策略和规划，企业能够在竞争激烈的跨境电商市场中脱颖而出，实现品牌价值的最大化。

三、社交媒体互动与粉丝运营

（一）社交媒体互动的重要性与策略构建

在跨境电商的社交媒体营销策略中，互动是连接品牌与消费者之间的桥梁，其重要性不言而喻。有效的社交媒体互动不仅能够增强用户对品牌的认知度和好感度，还能促进用户参与，形成口碑传播。为了构建有效的互动策略，企业需要深入了解目标受众的兴趣点、使用习惯及互动偏好，从而制定针对性的互动内容和形式。这包括但不限于回复用户评论、发起话题讨论、组织线上活动、利用投票和问卷收集用户反馈等。通过这些互动方式，企业可以积极响应用户需求，建立起与用户的情感联系，为后续的粉丝运营打下坚实基础。

（二）粉丝运营的精细化管理与价值挖掘

粉丝是社交媒体营销的核心资源，他们的忠诚度和活跃度直接关系到品牌的长期发展。因此，粉丝运营的精细化管理至关重要。企业需要建立起完善的粉丝数据库，对粉丝进行分类、标签化管理，以便更好地了解他们的需求和偏好。在此基础上，企业可以制定个性化的粉丝运营策略，如提供定制化内容、专属优惠、会员特权等，以增强粉丝的归属感和忠诚度。同时，企业还需深入挖掘粉丝的价值，通过数据分析识别出潜在的高价值用户，进行重点维护和转化。此外，企业还可以通过建立粉丝社群、举办线下活动等方式，进一步加深与粉丝之间的联系，形成稳定的用户群体。

（三）危机公关与负面舆情处理机制

在社交媒体环境中，危机公关和负面舆情处理是不可避免的挑战。企业需要建立一套完善的危机公关与负面舆情处理机制，以应对可能出现的负面信息或突发事件。这包括建立舆情监测系统，及时发现并跟踪负面舆情；制订应急预案，明确处理流程和责任人；快速响应，积极回应用户关切和质疑；通过正面宣传、澄清事实等方式，引导舆论走向。在处理危机和负面舆情时，企业应保持冷静、诚恳的态度，以事实为依据，以用户为中心，努力维护品牌形象和用户信任。

（四）持续创新与优化：社交媒体互动与粉丝运营的长期策略

社交媒体环境和用户需求不断变化，这要求企业在社交媒体互动与粉丝运营上保持持续的创新与优化。企业需密切关注行业动态和趋势，及时调整互动策略和内容形式；引入新技术、新工具，提升互动效率和用户体验；加强团队协作和人才培养，提升团队的专业能力和创造力。同时，企业还需建立用户反馈机制，定期收集和分析用户意见和建议，以便及时发现并解决问题，不断优化社交媒体互动与粉丝运营策略。通过持续的创新与优化，企业可以在竞争激烈的社交媒体环境中保持领先地位，实现品牌价值的持续增长。

四、内容营销效果评估与改进

（一）内容营销效果评估的全面性考量

在跨境电商的内容营销中，效果评估是优化策略、提升 ROI 的关键环节。全面性的考量意味着不仅要关注直接的转化数据，如销售额、订单量等，还需深入分析内容传播过程中的各个环节，包括曝光量、点击率、互动率、分享率等。这些指标能够全面反映内容营销的整体表现，帮助企业了解内容在不同阶段的吸引力、传播力及用户参与度。

通过综合运用多种评估工具和方法，如社交媒体平台自带的数据分析工具、第三方数据分析软件及用户调研等，企业可以构建出一个多维度的效果评估体系，确保评估结果的全面性和准确性。

（二）关键指标设定与深度剖析

在内容营销效果评估中，设定合理的关键指标至关重要。这些指标应紧密围绕企业的营销目标和内容策略，能够直接反映内容营销的核心效果。例如，品牌知名度提升、用户黏性增强、转化率提高等。在设定指标后，企业需进行深入剖析，了解每个指标背后的驱动因素，如内容质量、发布时间、推广渠道等。通过对关键指标的深度剖析，企业可以发现内容营销中的亮点与不足，为后续的改进提供有力支持。

（三）效果对比与策略调整

为了更准确地评估内容营销的效果，企业还需进行效果对比。这包括与历史数据的对比，了解内容营销在不同时间段的表现变化；与竞争对手的对比，了解自身在市场中的位置和竞争力；不同内容形式、渠道和策略的对比，找出最佳实践。通过效果对比，企业可以发现哪些策略和做法更为有效，哪些需要改进或放弃。基于对比结果，企业应及时调整内容营销策略，优化内容形式、发布频率、推广渠道等，以提升内容营销的整体效果。

（四）持续优化与迭代创新

内容营销是一个动态变化的过程，市场环境和用户需求都在不断发生变化。因此，企业需保持持续优化与迭代创新的态度，不断提升内容营销的效果和竞争力。这包括持续关注行业动态和趋势，了解新技术、新平台和新玩法的应用；加强团队建设和人才培养，提升团队的专业能力和创新能力；建立用户反馈机制，及时了解用户需求和反馈，不断优化内容和服务。通过持续优化与迭代创新，企业可以保持内容营销的活力和竞争力，实现品牌价值的持续增长。同时，企业还需建立长效的评估与改进机制，确保内容营销始终沿着正确的方向前进，为企业带来持续的价值回报。

第四节　电子邮件营销与客户关系管理

一、电子邮件营销的优势与劣势

（一）电子邮件营销的优势深度剖析

电子邮件营销作为跨境电商营销策略中的重要一环，其优势显著且多元。首先，电子邮件营销具有高度的个性化和定制化能力。通过收集和分析用户数据，企业可以精准地了解顾客需求与偏好，从而定制针对性的邮件内容，如产品推荐、优惠信息或专属活动邀请等，有效提升用户体验和购买意愿。其次，电子邮件营销的成本效益比极高。相比其他营销渠道，电子邮件营销的投入成本相对较低，却能实现广泛的覆盖和高效的传播。再次，电子邮件还具有可追溯性和可衡量性，企业可以清晰地追踪邮件的送达率、打开率、点击率及转化率等关键指标，为营销策略的优化提供有力依据。最后，电子邮件作为一种传统的数字沟通方式，其普及率和接受度极高，几乎覆盖了全球范围内的互联网用户，为企业提供了庞大的潜在市场。

（二）电子邮件营销的劣势与挑战

尽管电子邮件营销具有诸多优势，但其劣势与挑战同样不容忽视。一方面，随着互联网的快速发展，用户每天会收到大量的电子邮件，信息过载现象严重，这导致用户的注意力分散，对邮件的打开率和阅读率构成挑战。为了吸引用户注意，企业需要花费更多心思在邮件标题、内容和设计上，以确保邮件在众多信息中脱颖而出。另一方面，电子邮件营销容易受到垃圾邮件过滤器和用户自行设置的邮件过滤规则的影响，导致邮件被误判为垃圾邮件或被直接屏蔽，进而影响邮件的送达率和营销效果。此外，用户隐私和数据安全也是电子邮件营销中必须重视的问题，企业需严格遵守相关法律法规，确保用户数据的安全性和合法性，避免因数据泄露或滥用而损害品牌形象和用户信任。

（三）优化电子邮件营销的策略与实践

为了克服电子邮件营销的劣势并充分发挥其优势，企业需要采取一系列优化策略和实践。首先，企业应加强对用户数据的收集和分析，利用大数据和人工智能技术实现更精准的个性化营销。通过深入了解用户需求和行为模式，企业可以定制出更加贴近用户需求的邮件内容，提高邮件的打开率和转化率。其次，企业应注重邮件的设计和排版，确保邮件内容简洁明了、视觉效果好，同时避免使用过多的图片和附件以减少邮件被误判为垃圾邮件的风险。最后，企业还可以通过定期发送有价值的内容，如行业资讯、使用教程或独家优惠等，增强与用户的互动和黏性，提高用户的忠诚度和复购率。

（四）电子邮件营销的未来趋势与展望

随着技术的不断进步和消费者行为的不断变化，电子邮件营销的未来将呈现出更加多元化和智能化的趋势。一方面，随着人工智能技术的广泛应用，电子邮件营销将更加注重个性化和智能化。通过机器学习等技术手段，企业可以实现对用户行为的深度挖掘和预测，从而定制出更加精准和个性化的邮件内容。另一方面，随着移动互联网的普及和社交媒体的发展，电子邮件营销将与这些新兴渠道实现更加紧密的融合。企业可以通过整合社交媒体数据、移动应用数据等多源数据，为用户提供更加全面和个性化的服务体验。同时，随着电子邮件营销技术的不断创新和完善，如邮件自动化、智能客服等功能的加入，将进一步提升电子邮件营销的效率和效果，为企业带来更加可观的商业价值。

二、邮件列表构建与管理

（一）邮件列表构建的重要性与基础原则

在跨境电商的电子邮件营销中，邮件列表的构建是基础且至关重要的环节。一个高质量的邮件列表不仅能够确保营销信息的精准送达，还能有效提升邮件的打开率、点击率及转化率，从而最大化营销效果。构建邮件列表的基础原则包括合法性、自愿性、精准性及更新性。首先，合法性要求企业在收集用户邮箱时必须遵守相关法律法规，确保用户信息的合法获取和存储。自愿性则强调用户应自愿提供邮箱地址，而非通过不正当手段获取。精准性是指邮件列表应基于用户的兴趣、购买行为等特征进行细分，以便实现更加个性化的营销。最后，更新性要求企业定期清理无效或不再活跃的邮箱地址，保持列表的活跃度和有效性。

（二）邮件列表构建的策略与方法

为了构建高质量的邮件列表，企业需要采取一系列策略与方法。首先，可以通过网站注册、购买流程、订阅服务等多种渠道收集用户邮箱地址。在此过程中，企业应明确告知用户邮件的发送目的、频率及内容类型，确保用户了解并接受邮件的接收。其次，利用社交媒体、博客、论坛等渠道进行宣传和推广，吸引潜在用户主动加入邮件列表。同时，企业还可以通过合作伙伴、行业联盟等方式共享资源，扩大邮件列表的覆盖范围。在构建过程中，企业还需注重数据安全和隐私保护，确保用户信息的安全性和合法性。

（三）邮件列表管理的关键环节与技巧

邮件列表的管理是确保电子邮件营销持续有效的重要环节。管理的关键环节包括数据清洗、细分、个性化设置及互动反馈处理。首先，数据清洗是定期清理无效或不再活跃的邮箱地址的过程，以保持列表的活跃度和准确性。其次，通过用户数据的细分，企业可以将用户分为不同的群体，如新客户、老客户、潜在购买者等，以便实现更加精准的营销。个性化设置则是指根据用户的兴趣和行为习惯，定制个性化的邮件内容和发送时间，提高用户的阅读体验和参与度。最后，互动反馈处理是及时回应用户的反馈和疑问，建立良好的用户关系的重要环节。企业应设置专门的客服团队或自动回复系统，确保用户的反馈能够得到及时有效的处理。

（四）邮件列表优化与持续改进的策略

为了不断提升邮件列表的质量和营销效果，企业需要采取优化与持续改进的策略。首先，通过数据分析工具对邮件的发送效果进行监测和评估，了解邮件的打开率、点击率、转化率等关键指标，识别出表现优异的邮件和需要改进的地方。其次，根据分析结果调整邮件的内容和形式，如优化邮件标题、调整内容结构、增加互动元素等，以提高用户的阅读体验和参与度。同时，企业还可以尝试新的营销策略和工具，如邮件自动化、个性化推荐系统等，以进一步提升邮件营销的效果和效率。最后，企业还需关注用户行为的变化和市场趋势的发展，及时调整邮件列表的构建和管理策略，以适应不断变化的市场环境。通过持续优化与改进，企业可以不断提升邮件列表的质量和营销效果，为跨境电商业务的发展提供有力支持。

三、个性化邮件设计与发送

（一）个性化邮件设计的核心价值与原则

在跨境电商的电子邮件营销中，个性化邮件设计扮演着至关重要的角色。其核心价值在于通过精准把握用户需求与偏好，定制出具有高度针对性的邮件内容，从而有效提升用户的阅读体验、增强邮件的吸引力，并促进转化率的提升。个性化邮件设计的原则主要包括以下几种：一是数据驱动，即基于用户行为数据、购买历史、兴趣偏好等信息进行精准分析，为个性化设计提供数据支持；二是内容相关，确保邮件内容与用户兴趣紧密相关，满足其实际需求；三是视觉吸引，通过独特的视觉设计、色彩搭配及排版布局，提升邮件的视觉效果，吸引用户注意；四是简洁明了，避免冗长复杂的邮件内容，确保信息传达的清晰与直接。

（二）个性化邮件设计的关键要素与实施步骤

个性化邮件设计的关键要素包括邮件标题、正文内容、个性化元素以及行动号召（CTA）等。邮件标题应简洁有力，能够迅速吸引用户眼球并激发其阅读兴趣；正文内容应围绕用户兴趣展开，提供有价值的信息或优惠，同时保持语言的亲和力和易读性；个性化元素如用户姓名、购买历史回顾、推荐商品等，能够增强邮件的针对性和个性化程度；行动号召则应明确具体，引导用户完成预期的转化行为。在实施步骤上，企业首先需收集并分析用户数据，明确用户画像；其次，根据用户画像设计邮件模板和个性化元素；最后，进行邮件内容的编写与编辑，确保信息的准确性和吸引力。

（三）个性化邮件发送的策略与时机把握

个性化邮件的发送策略与时机把握对于提升营销效果至关重要。在发送策略上，企业可根据用户分群情况，制订不同的邮件发送计划，如新客户欢迎邮件、老客户回访邮件、节日促销邮件等，以满足不同用户群体的需求。同时，企业还应注重邮件发送的频率控制，避免过度打扰用户。在时机把握上，企业需结合用户行为数据和市场趋势，选择最佳的发送时间，如用户活跃高峰期、节假日前后等，以提高邮件的打开率和转化率。此外，企业还可通过 A/B 测试等方法，不断优化邮件发送策略，找到最适合自己用户的发送方式。

(四)个性化邮件营销的未来趋势与挑战

随着技术的不断进步和消费者行为的变化,个性化邮件营销将呈现出更加智能化、精准化的趋势。未来,人工智能、大数据等技术的应用将更加广泛,企业能够更深入地挖掘用户数据,实现更加精准的个性化推荐和营销。同时,随着用户对个性化需求的不断提升,企业需不断创新邮件设计理念和发送方式,以满足用户的多样化需求。然而,个性化邮件营销也面临着诸多挑战,如用户隐私保护、数据安全问题以及邮件过滤规则的不断更新等。企业需加强数据安全管理,遵守相关法律法规,确保用户数据的合法性和安全性。同时,企业还需密切关注行业动态和技术发展,及时调整邮件营销策略,以应对不断变化的市场环境。

四、客户关系管理系统(CRM)的应用

(一)CRM 系统对跨境电商的重要性

在跨境电商领域,客户关系管理系统(CRM)的应用是提升竞争力、优化客户体验、促进业务增长的关键。CRM 系统通过集成和分析客户数据,帮助企业全面了解客户需求、行为模式和购买偏好,从而制定更加精准的市场营销策略。其重要性在于:首先,CRM 系统能够提升客户服务的效率和质量,通过自动化的工作流程和智能化的客户分析,快速响应客户需求,增强客户满意度和忠诚度。其次,CRM 系统有助于企业实现销售流程的优化,通过跟踪销售机会、预测销售趋势、管理销售团队等功能,提高销售效率和业绩。最后,CRM 系统还为企业提供了全面的业务洞察能力,通过数据分析帮助企业发现市场机会、评估营销效果、调整经营策略,为企业的持续发展提供有力支持。

(二)CRM 系统在电子邮件营销中的应用

CRM 系统在电子邮件营销中发挥着至关重要的作用。首先，CRM 系统能够帮助企业构建和维护高质量的邮件列表。通过整合多渠道客户数据，CRM 系统能够识别出潜在客户和现有客户，并根据其购买历史、兴趣偏好等信息进行细分，为个性化邮件的发送提供数据支持。其次，CRM 系统能够优化邮件内容设计。基于客户画像和数据分析，CRM 系统能够为企业提供针对性的邮件模板和个性化元素建议，帮助企业设计出更具吸引力和转化率的邮件内容。最后，CRM 系统还能够自动化邮件发送流程，根据预设的发送规则和时机自动发送邮件，提高邮件发送的效率和准确性。

(三)CRM 系统如何促进客户关系管理

CRM 系统通过一系列功能和工具，有效促进了跨境电商企业的客户关系管理。首先，CRM 系统提供了全面的客户信息管理功能，包括客户基本信息、购买记录、沟通历史等，帮助企业全面了解客户情况，为个性化服务和精准营销打下基础。其次，CRM 系统支持多渠道客户互动管理，无论是通过电子邮件、社交媒体还是电话等方式，企业都能在 CRM 系统中统一管理客户互动记录，确保客户体验的一致性和连贯性。最后，CRM 系统还具备强大的数据分析能力，通过数据分析帮助企业发现客户需求变化、评估客户关系质量、预测客户流失风险等，为企业制定客户关系管理策略提供有力支持。

(四)CRM 系统面临的挑战与未来展望

尽管 CRM 系统在跨境电商领域的应用前景广阔，但其也面临着诸多挑战。首先，随着数据量的快速增长和数据来源的多样化，如何有效整合和管理客户数据成为企业面临的一大难题。其次，数据安全和隐私保护问题日益凸显，企业需要加强数据安全管理措施，确保客户数据不被泄露或滥用。最后，随着技术的不断进步和市场环境的变化，CRM 系统需要不断更新和升级以适应新的需求和挑战。

未来，随着人工智能、大数据等技术的深入应用，CRM 系统将更加智能化和个性化，为企业提供更加精准的客户洞察和营销支持。同时，随着跨境电商市场的不断发展和竞争加剧，CRM 系统将成为企业提升竞争力、优化客户体验、促进业务增长的重要工具。

第五节　跨境电商的促销与活动策划

一、促销活动的策划与执行

（一）促销活动策划的重要性与原则

在跨境电商的激烈竞争中，促销活动策划作为吸引顾客、提升销量的关键手段，其重要性不言而喻。有效的促销活动不仅能够快速吸引目标消费者的注意，还能通过优惠、赠品、限时折扣等方式激发购买欲望，促进商品的销售。在策划促销活动时，需遵循以下原则：一是目标明确，即促销活动应围绕企业的营销目标展开，如提升品牌知名度、增加销售额、清理库存等；二是市场调研，深入了解目标市场的消费者需求、竞争对手动态及行业趋势，以确保活动的针对性和有效性；三是创新独特，避免与竞争对手的促销活动雷同，通过新颖的活动形式和内容吸引消费者；四是成本效益，合理控制促销活动的成本，确保活动带来的收益大于支出。

（二）促销活动的策划流程与策略

促销活动的策划流程包括确定活动目标、制订活动方案、预算规划、宣传推广、执行监控及效果评估等环节。在制订活动方案时，需明确活动主题、时间、参与对象、优惠方式等具体内容，并设计吸引人的活动页面和宣传文案。预算规划需考虑活动成本、预期收益及风险控制等因素，确保活动在可控范围内进行。宣传推广是促销活动成功的关键，可通过社交媒体、电子邮件、搜索引擎广告等多种渠道进行广泛宣传。在执行过程中，需密切关注活动进展，及时调整策略以应对市场变化。活动结束后，应对活动效果进行全面评估，总结经验教训，为后续活动提供参考。

（三）促销活动的执行与监控

促销活动的执行是确保活动顺利进行的关键环节。在执行过程中，需确保活动流程顺畅、人员分工明确、物资准备充分。同时，需密切关注活动进展，及时处理消费者咨询和投诉，确保消费者体验良好。为了有效控制活动风险，还需建立监控机制，对活动数据进行实时监控和分析，如流量变化、转化率、销售额等关键指标，以便及时发现并解决问题。此外，还需关注竞争对手的动态，及时调整活动策略以保持竞争优势。

（四）促销活动后的总结与反馈

促销活动结束后，及时进行总结与反馈对于提升企业营销能力具有重要意义。总结环节应全面回顾活动流程、分析活动效果、评估活动成本收益比等方面内容，明确活动的成功之处和不足之处。通过总结可以发现活动执行中的问题和不足，为今后的促销活动提供改进方向。同时，还需收集消费者的反馈意见，了解消费者对于活动的满意度和改进建议，以便更好地满足消费者需求。反馈环节则应将总结结果及时传达给相关部门和人员，促进信息共享和团队协作，为企业的持续发展注入动力。在未来的促销活动中，企业应根据总结结果和消费者反馈不断优化活动策略和执行流程，提升促销活动的整体效果。

二、限时折扣与优惠券策略

（一）限时折扣策略的魅力与实施要点

在跨境电商领域，限时折扣策略以其紧迫感和优惠力度，成为吸引消费者、促进销售的有效手段。其魅力在于通过设定有限的时间范围，营造出一种"错过即无"的氛围，刺激消费者的购买欲望。实施限时折扣策略时，关键在于精准把握时间节点和折扣力度。时间节点的选择需考虑消费者的购物习惯、市场热点及竞争对手动态，确保活动在最佳时机推出。折扣力度的设定则需根据产品成本、市场定价及利润空间进行综合考量，既要保证吸引力，又要避免过度损失。此外，活动宣传的及时性和广泛性也至关重要，通过多渠道、多形式的宣传手段，确保目标消费者能够及时获取活动信息。

（二）优惠券策略的应用与优势

优惠券策略作为另一种常见的促销方式，通过提供价格减免或额外赠品等方式，增加消费者的购买动力。其优势在于灵活性强、成本低廉且效果显著。优惠券可以针对特定商品、品类或消费金额进行设置，满足不同消费者的需求。同时，优惠券的发放和领取过程简单便捷，消费者可通过网站、APP、社交媒体等多种渠道轻松获取。在应用优惠券策略时，企业需注重优惠券的设计与管理，确保优惠券的吸引力与实用性并重。此外，通过数据分析优化优惠券的发放策略，如根据消费者的购买历史和偏好进行个性化推送，可以进一步提升优惠券的使用率和转化率。

（三）限时折扣与优惠券策略的协同效应

限时折扣与优惠券策略并非孤立存在，二者相辅相成，能够产生显著的协同效应。通过将限时折扣与优惠券结合使用，企业可以构建更加丰富的促销组合，增强促销活动的吸引力。例如，在限时折扣的基础上叠加优惠券使用，让消费者在享受价格优惠的同时还能获得额外的实惠，从而提升购买意愿和满意度。此外，通过合理设置活动规则，如限制优惠券的使用数量或时间范围，可以进一步激发消费者的紧迫感和购买冲动。这种协同效应不仅有助于提升销售额和市场份额，还能增强品牌形象和消费者忠诚度。

（四）策略优化与持续改进

在跨境电商领域，市场环境复杂多变，消费者需求日益多样化。因此，限时折扣与优惠券策略需要不断优化与持续改进以适应市场变化。这包括但不限于以下几个方面：一是加强数据分析与市场调研，深入了解消费者需求和市场趋势，为策略调整提供依据；二是注重用户体验与反馈收集，通过用户调研、客服反馈等渠道了解消费者对活动的满意度和改进建议；三是创新促销形式与内容，避免活动同质化竞争，提升活动的独特性和吸引力；四是加强跨部门协作与沟通，确保活动执行过程中的顺畅与高效。通过持续优化与改进限时折扣与优惠券策略，企业可以在激烈的市场竞争中保持领先地位并实现可持续发展。

三、会员制度与积分奖励机制

（一）会员制度的构建与价值

在跨境电商领域，会员制度不仅是客户关系管理的重要组成部分，更是提升用户黏性、促进复购的关键策略。会员制度的构建需围绕顾客需求、消费习惯及品牌特色展开，旨在通过专属权益、个性化服务及长期价值激励，建立与顾客之间的紧密联系。其价值体现在多个方面：一是增强顾客忠诚度，通过会员身份的认同感和归属感，促使顾客更倾向于选择该品牌进行消费；二是提升顾客价值，通过数据分析为会员提供个性化推荐、专属优惠等增值服务,提高顾客的消费频次和客单价;三是优化顾客体验,会员制度中的快速响应、专属客服等特权服务,能够显著提升顾客的购物体验,增强品牌好感度。

(二)积分奖励机制的设计与实施

积分奖励机制作为会员制度中的核心环节,通过累积积分、兑换奖励的方式,进一步激发会员的积极性和参与度。其设计需遵循公平、透明、激励的原则,确保积分获取途径的多样性和兑换奖励的吸引力。实施时,企业应明确积分规则,如消费积分、签到积分、任务积分等,让会员清晰了解如何积累积分。同时,设置丰富的兑换选项,如商品折扣、专属礼品、会员升级等,满足不同会员的需求和期待。此外,企业还需注重积分系统的稳定性和安全性,确保积分数据的准确记录和有效兑换,维护会员的权益,增强会员的信任。

(三)会员制度与积分奖励机制的融合与创新

会员制度与积分奖励机制的融合,能够形成更为完善的顾客激励机制,促进顾客与品牌之间的深度互动。企业可以通过数据分析,挖掘会员的消费行为和偏好,为会员提供定制化的积分任务和兑换建议,提升积分获取的趣味性和实用性。同时,创新积分应用场景,如积分抵扣运费、积分参与抽奖、积分兑换会员日特权等,增加积分的价值和吸引力。此外,企业还可以探索会员制度与社交媒体的结合,通过会员分享、邀请好友等社交行为,扩大品牌影响力和会员基数,实现双赢。

(四)持续优化与会员价值的深度挖掘

会员制度与积分奖励机制并非一成不变,随着市场环境的变化和顾客需求的升级,企业需要不断优化和调整策略,以适应新的形势。这包括但不限于:定期评估会员制度的执行效果,收集会员反馈意见,进行必要的调整和改进;关注市场趋势和竞争对手动态,借鉴优秀做法，引入新的激励元素；加强会员数据的深度挖掘和分析，了解会员的潜在需求和消费潜力，为会员提供更加精准和个性化的服务。通过持续优化和深度挖掘会员价值，企业可以进一步巩固与会员之间的关系，提升品牌竞争力和市场份额。

四、节日与季节性促销活动策划

（一）节日促销活动的战略意义

节日促销活动在跨境电商中扮演着举足轻重的角色，其战略意义深远。首先，节日是消费者购物欲望高涨的时段，通过精心策划的促销活动，能够有效吸引顾客关注，提升品牌曝光度。其次，节日促销活动能够营造浓厚的节日氛围，增强消费者的购物体验，促进情感共鸣，从而加深品牌印象。再次，节日促销往往伴随着优惠力度较大的折扣、赠品或限时优惠，能够直接刺激消费者的购买行为，提升销售额和市场份额。最后，节日促销活动也是企业清理库存、推广新品、测试市场反应的良好时机，有助于企业优化产品结构、调整市场策略。

（二）季节性促销活动的策划要点

季节性促销活动与节日促销相辅相成，共同构成了跨境电商促销活动的两大支柱。在策划季节性促销活动时，需重点关注以下几个方面：一是精准把握季节特点，如春季的换季促销、夏季的清凉特惠等，确保活动主题与季节特征相契合；二是深入分析目标消费群体的需求变化，针对不同季节的消费需求，提供符合市场需求的商品和服务；三是创新促销形式，结合季节特色设计独特的活动环节，如限时抢购、主题抽奖、季节限定商品等，增加活动的趣味性和吸引力；四是注重营销传播，利用社交媒体、电子邮件、短信等多种渠道进行广泛宣传，确保活动信息能够精准触达目标消费者。

(三)节日与季节性促销活动的协同效应

节日与季节性促销活动并非孤立存在,二者之间存在着紧密的协同效应。通过巧妙结合节日氛围与季节特点,企业可以打造出更具创意和吸引力的促销活动。例如,在圣诞节期间推出冬季主题的商品促销,不仅符合节日氛围,还能满足消费者对冬季商品的需求。同时,节日与季节性促销活动的结合还能有效延长促销周期,提升促销效果。企业可以在节日前后或季节交替时,通过连续不断的促销活动,持续吸引消费者关注,促进销售增长。

(四)持续优化与创新:节日与季节性促销活动的未来趋势

随着跨境电商市场的不断发展和消费者需求的日益多样化,节日与季节性促销活动的策划与执行也需要不断优化与创新。未来,企业可以关注以下几个趋势:一是数据驱动的精准营销,通过大数据分析消费者行为,实现个性化推荐和精准投放;二是跨界合作与IP联动,通过与其他品牌或热门IP的跨界合作,提升活动的新颖度和话题性;三是线上线下融合,利用实体店或体验店的优势,为消费者提供更加丰富的购物体验;四是环保与可持续发展理念的融入,通过推广环保材料、减少包装浪费等方式,展现企业的社会责任感,吸引更多关注可持续发展的消费者。通过这些持续优化与创新,企业可以在节日与季节性促销活动中脱颖而出,实现更好的营销效果。

参考文献

[1] 张夏恒, 李豆豆. 数字经济、跨境电商与数字贸易耦合发展研究：兼论区块链技术在三者中的应用 [J]. 理论探讨, 2020(1)：115-121.

[2] 孟杨. 数字经济背景下跨境电商的发展趋势研究 [J]. 商业观察, 2024(15)：113-116.

[3] 弓自强, 袁浚苠. 数字经济背景下跨境电商物流的现状及发展策略 [J]. 中国电子商务, 2024(7)：49-52.

[4] 陈增发. 数字经济背景下的跨境电商人才培养实践研究 [J]. 沙洲职业工学院学报, 2024(2)：14-18.

[5] 周晨露. 数字经济时代跨境电商品牌出海现状、问题及对策 [J]. 河北企业, 2024(5)：28-30.

[6] 习颖. 数字经济时代跨境电商专业教学改革 [J]. 华章, 2024(3)：105-107.

[7] 冯凯, 宗楠. 数字经济下跨境电商高质量发展研究 [J]. 中国电子商务, 2024(5)：44-47.

[8] 李犀珺. 数字经济时代跨境电商物流发展思路探讨 [J]. 国际商务财会, 2023(20)：88-91.

[9] 张威. 数字经济背景下跨境电商发展的创新路径研究 [J]. 全国流通经济, 2023(18)：76-79.

[10] 张妍. 数字经济时代高职跨境电商专业英语教学改革 [J]. 电大理工, 2023(1)：70-74.

[11] 张梅, 李慧敏, 夏志红. 数字经济背景下跨境电商的信用风险及其防范 [J]. 征信, 2023(1)：86-92.

[12] 侯凡, 阮红伟. 数字经济背景下跨境电商企业经营绩效研究 [J]. 中国商论, 2023(1)：30-32.

[13] 郭建芳, 刘颖. 浅谈数字经济背景下跨境电商企业转型及升级[J]. 全国流通经济, 2022(33)：4-7.

[14] 李益帆, 陈娟. 数字经济背景下跨境电商物流的现状及发展策略[J]. 全国流通经济, 2022(27)：14-16.

[15] 张路. 数字经济背景下跨境电商企业转型升级研究[J]. 商展经济, 2022(9)：24-26.